Franz Weber

Vom Taugenichts zum Narren, der das heilige Leben liebt

Auf den Spuren eines heiligen Narren, der den Stein der Weisen erlangen will

Herausgeber: **Perceval-Institut für Kosmosophie und christliche Hermetik**

Copyright: © Franz Weber 2020
Herstellung und Verlag: **BoD – Books on Demand**, Norderstedt
ISBN: 9783752662702

*Gewidmet den bunten,
lebensvollen und strebsam-
liebenden Narren dieser Welt, die
sich erst mit dem Höchsten zufrieden
geben wollen*

Vom Taugenichts zum Narren - der das heilige Leben liebt

Inhaltsverzeichnis:

Einleitung

Das Leben ist immer wieder eine Suche – die Suche nach Liebe, nach Glück, nach Wohlstand, nach Reichtum und Erfolg, nach Anerkennung und Zufriedenheit, nach Gemeinschaft und Verbundenheit und schließlich irgendwann einmal nach dem Göttlichen, zu dem wir hinstreben wollen. Jedoch, im irdischen Reichtum und Besitz wird das Göttliche nicht gefunden. Das sollten wir eigentlich alle wissen, um auch entsprechend handeln zu können. Wie ist es aber dann zu erreichen?

Geistesgeschichtlich betrachtet gibt es viele, auch recht unterschiedliche Wege, die sich dem Göttlichen verschreiben. Die Askese, die Hingabe, die Ekstase, die religiöse Gemeinschaft, die Andacht, Gebete und Meditationen, Yoga und Tanz, Liebe und Weisheit, spirituelle Schulungen und Erkenntnisse und noch vieles mehr.

Sehr weit ist der Weg und sehr lang, zumeist beim allzu Menschlichen beginnend, bis man vielleicht irgendwann einmal das Göttliche in sich erleben und erfassen kann. Dazu braucht es meistens sehr viel Disziplin, Geduld und Ausdauer. Viel seelische Kraft und Tugendhaftigkeit darf und soll dem geistigen Weg gewidmet und geopfert werden. Und doch sind die Resultate manchmal recht spärlich. Noch sind es relativ wenige Gottsucher, die Gott schauen durften, die also eine Erleuchtung erfahren haben, obwohl vielleicht schon auf vieles im irdischen und im persönlichen Leben verzichtet wurde.

Sicherlich, ein religiöser und spiritueller Weg schenkt uns Vertrauen, Zuversicht und Zufriedenheit, aber das Göttliche selbst zeigt sich zumeist nur in zarten Winken und manchmal über lange Strecken scheinbar gar nicht. Da kann der einsame „Wanderer" auch müde und kraftlos werden. Doch ein Verzagen soll es nicht geben. Irgendwann wird auch wieder ein Licht erscheinen, vor allem, wenn die Ausdauer und der Mut nicht sinken, um die vielen inneren Hindernisse allmählich abtragen zu können.

Ich kannte mal einen jungen Mann, der sein Leben mit viel Kraft und Beharrlichkeit dem inneren Suchen widmete. Die äußere Welt möge ihn vielleicht einen Taugenichts oder einen Narren nennen, da er im irdischen Leben nicht viel zustande brachte. Doch er ließ sich davon nicht beirren, egal welcher Lebensentwurf sich einstellte und welche Schicksalsmöglichkeiten sich ergaben, die zentrale Strebens-Kraft für ihn war die Liebe, die sich immer wieder und immer stärker mit dem Göttlichen einen will.

Gewiss, es gibt viele „Narreteien", wie das Suchen nach vergänglichem Glück, nach Prestige, nach Ruhm und dergleichen mehr. Eben das Leben, was die veräußerlichte, die materialistisch gestimmte Welt oftmals so bestaunt: Erfolg bei Geschäften, bei Frauen, bei der

Karriere im Beruf und in den „schönen" Dingen dieser Welt. Der wirkliche Narr sucht sich und damit sein innerstes Wesen jedoch nicht nur in den Schätzen und Verlockungen des Irdischen, denn er geht vor allem den Weg der Liebe. Von ihr lässt er sich führen und von sonst nichts. Wohin die Liebe führt, lässt sich jedoch niemals vorhersagen. Nur eines weiß der Narr, der Taugenichts in den Augen der Welt: Gott sieht den Liebenden, weil er in dessen Herz zu leben beginnen kann, wenn dieses in der Liebe zu diesem Göttlichen erglüht.

Die Liebe zum Humor, da findet sich der witzige Narr; die Liebe zur Liebelei, da findet sich der „Schürzenjäger", wie auch der Poet und Troubadour, der um der Liebe willen liebt. Doch auch die, die in zahlreichen Lebensprüfungen und Härten nicht verzagen und trotz alledem in ihrer Liebe verweilen wollen, vielleicht durch Schwierigkeiten und Nöte sogar noch darin wachsen, auch sie werden oftmals als Narren, als Toren bezeichnet, da es in unseren Tagen viel leichter möglich ist, den Schwierigkeiten und Belastungen des Alltags aus dem Wege zu gehen. Doch Flucht und die vielen Ablenkungen aller Art sind nicht der Weg der Liebe, auch nicht in die „schöne Muse" und in die Träumerei hinein. Stufen der Liebe sind es nur, die sich in solchen Etappen ausbreiten mögen, um allmählich daran immer reifer, verantwortlicher und damit „tiefer" werden zu können.

Erst in der Tiefe erkennen wir die Höhe, erst in der Dunkelheit das Licht, erst in der Gleichgültigkeit die fehlende Kraft der Einigkeit, des Verbindens, des Zusammenhaltens, des Daseins und der Liebe für ein „Du", für den Mitmenschen, wie auch für das große „Du" - für Gott. Gleichgültigkeit ist ja das Gegenteil von Liebe.

Wachsen wir in der Menschenliebe, so wachsen wir auch in der Gottesliebe; die eine ist nicht von der anderen zu trennen.

Und wo finden wir diese Menschen-Gottesliebe am meisten? Da, wo wir Verantwortung übernehmen, wo wir ganz für den und für die Anderen da sind. Da wachsen wir über uns selbst hinaus – hin zu einem Wir und dann auch zum großen Wir, das alles einschließt und verbinden kann.

Doch weit ist der Weg dorthin. Als junger Mensch sucht man noch sich selbst, will sich selbst verwirklichen. Ohne eine Selbsterziehung wird dies aber nicht so leicht gelingen. So ein Narr will und soll man ja nicht sein, der sich selber schadet, in dem er Dinge tut, die unzuträglich und schädlich sind. Leider rennen sehr viele solcher Narren herum, die nicht bemerken, dass sie an dem Ast sägen, auf dem sie sitzen, was zum Beispiel den Umgang mit der Gesundheit und mit „Mutter Erde" betrifft.

Der heilige Narr macht sich deshalb auf den Weg nach „oben" und nach „unten", also in die eigenen Höhen

und Tiefen hinein. Er will den Stein der Weisen erringen. Doch was ist dieser? Der weise Stein – was
haben die Weisen für einen Stein? Ist er die schlichte
Materie, der Grund unseres irdischen Seins, vielleicht
die sogenannte Prima Materia, die ursprüngliche
Erde, die noch alle Himmelskräfte in sich enthält? Ist
er vielleicht der eigene Leib, der sich von Schlacken
befreit und der sich daraufhin ganz mit Himmelskräf-
ten durchpulst erlebt? Wie dem auch sei, entscheidend
ist für den heiligen Narren die Liebe auch zu diesem
Stein, zu dieser Erde und zu diesem Leib.

Ist die Seele in Resonanz mit dem lebendigen, mit dem
göttlichen Geist, so entsteht eine innere Harmonie, die
bis in das Leibliche gesundend und heilend einwirken
kann. Der schöpferische Geist ist sonnenhaft, die Seele
ist mondenhaft und der physische Leib wird letztlich
von beiden genährt und befruchtet. Unser Leib ist also
das Instrument, der diese innere Harmonie von Seele
und Geist einmal ausstrahlen soll. Dann wird der
Stein, wird die Materie, wie auch der Leib durchlichtet
sein, er wird weise. Das ist nämlich den Weisen ihr
„Stein“: der durchlichtete, der durchgöttlichte und der
durchliebte Leib.

So soll die Liebe immer auch bis ins Leibliche hineinführen, dieses annehmen und dann auch liebkosen lernen. Wir sind frei, das zu tun, was wir gerne, was wir
liebend wollen. Auch die Dinge, die man in manch
braven und puritanischen Kreisen als verpönt und

unanständig betrachten würde. Doch die Liebe, sie kann alles und alle annehmen, verstehen, verzeihen, segnen, liebkosen und heilen. Dadurch wächst sie selber immer mehr. Den Liebenden kann schließlich alles verziehen werden. Wer aus und in Liebe handelt, wandelt auf dem rechten Weg. Dies ist der Weg, der zu einer echten Freiheit führt und diese Freiheit fördert wiederum die Liebe, denn die Liebe kann nur in einer Atmosphäre der Freiheit gedeihen und auch reifen.

Ein mir bekannter junger Mann suchte und ging immer wieder diesen Weg der Liebe und der Freiheit. Da wo Konformismus, Unterdrückung, Zwang und Begrenzung herrschen, muss er ausbrechen, denn sein Herz will sich ja weiten. Fesseln, auch die eigenen, wie so manche seelischen Zwänge und Automatismen, müssen immer wieder gesprengt werden, damit das freie, das liebende Leben wieder zum Vorschein kommen kann. Alle Bereiche des Lebens wollen darin eingeschlossen und damit umfangen sein.

In den folgenden Zeilen und Abschnitten sollen die Wege dieses jungen Mannes beschrieben werden, da sie ein gewisses Bild aufzeigen können, wie ein Sucher, ein „Narr" und Strebender viele spirituelle und religiöse, aber auch weltliche Pfade und Abgründe durchwandern muss, bis er reif für die Liebe, für Gott und für die Mitmenschen werden kann, in sich selbst und dann auch in und für die Welt.

Lange Jugend

Johannes, so nenne ich den jungen Mann, hatte eine recht stabile und harmonische Kindheit. Die Eltern waren einfache Leute: der Vater Arbeiter, die Mutter Hausfrau. Sie, katholisch und fromm, mit einem reinen Gemüt. Der Vater war dagegen recht labil, aufbrausend und mehr dem materiellen Leben zugetan.
Die Schule war für Johannes eine Pflicht, die er so nebenbei erfüllte. Hauptsache war das Leben mit Freunden und mit Mädchen, wo Spaß, Freizeit und spannende Erlebnisse angesagt waren. So gingen die Jahre dahin, bis irgendwann die Frage nach dem Beruf auftauchte. Einige Versuche, um die Geheimnisse des Lebens in einem selbstgebauten chemischen Labor ergründen zu können, waren recht aufregend. Neue Stoffe beziehungsweise das Lebendige wollte er erforschen und erschaffen, was manchmal mit einem lauten Knall doch recht rapide zu Ende ging.
Die erste Ausbildung in der chemischen Industrie schlug fehl; die erste Freundin wurde wichtiger. Jobs, herumhängen, ein längeres Praktikum in der Groß-stadt, dann überraschend der Wehrdienst bei der Bundeswehr. Dieser brachte den „Luftikus" durch ein autoritäres Macho-Gehabe der Vorgesetzten recht schnell auf den kargen und kalten Boden der damaligen äußeren Wirklichkeit. Was war denn das?

Zwang, Zwang und nochmals Zwang. Innerlich sträubte sich alles dagegen. Ja, eine Widerstandskraft erspross in dieser Zeit, sich nicht „kleinkriegen" lassen, die innere Freiheit bewahren zu können und eine innere Lebendigkeit zu erringen, wurde von nun an immer stärker sein Lebensziel.

Ein anschließendes wissenschaftliches Studium kam nicht mit „äußerer Macht und Autorität", eher waren es mechanische und abstrakte Gedankenwelten, die einer inneren Lebendigkeit nicht gerade zuträglich waren. Schon bald wusste Johannes, dass dies nicht seine Welt war, doch mangels besserer Ideen und Möglichkeiten schloss er das Studium ab. Das studentische Leben mit der Freundin, mit Hase und Hund, in Wohngemeinschaften und zuletzt in einem Zirkuswagen auf einem Waldgrundstück waren Etappen in seinem persönlichen und sozialen Erleben. Viel Natur und ein erstes Erfahren einsamer Momente, als die langjährige Beziehung in die Brüche ging; dies war der erste größere Bruch, eine tiefe und schmerzhafte seelische Verletzung brach dabei Innerliches auf.

Was ist sein Ziel? Er träumte von einem Leben mit lieben Menschen, einem eigenen Haus mit viel Natur und und und. Doch dann passierte ihm ein einschneidendes Erlebnis. Bei einem langen Spaziergang in einer ganz besonderen Naturstimmung, ein starkes und gleißend-glühendes Sonnenlicht erstrahlte noch, doch es zogen schon düstere Wolken kraftvoll und drohend heran, ein Gewitter bahnte sich an. Da begann Johannes plötzlich zu singen. Diese besondere Atmosphäre, die sich am Himmel abspielte, lockte eigenartige Töne aus ihm heraus. Es fühlte sich alles ganz heilig an, obwohl Johannes während des Studiums mit Religion, Glaube und Kirche nichts mehr am Hut hatte. Das kindliche Ministranten-Dasein und ähnliches fand nämlich mit der aufkommenden Pubertät ein jähes Ende.

Doch dieses Natur-Erlebnis war anders, war neu. Eine innere Ergriffenheit erfasste seine Seele und mit einem Mal wusste er, was er im Leben verwirklichen wollte. Innere Ruhe, Reinheit und innere Kraft sollten seine Seele bewohnen. Mit einer innerer Gewissheit, mit neuem Elan und mit einem spirituellen Ziel trat er nun den Heimweg an. Und wie das Leben so spielt, wollte ein Studienfreund eine Weltreise antreten und so bekam Johannes die Gelegenheit, mit ihm zusammen in Richtung Asien aufzubrechen. Ein älteres Transport-Auto wurde gekauft, ausgebaut und los ging es ins Ungewisse hinein, denn die beiden waren noch recht jung und unerfahren.

Doch diese Reise sollte das Leben des Johannes von Grund auf umkrempeln. Abschied vom gewohnten Land, von Freunden, Eltern, dem Wohlstand und den vielen Partys und Festen. Jedoch, ein inneres Ziel, ein noch kaum bekanntes, aber neues Bewusstsein trieb voran.

Viele Reisebekanntschaften, die erste spirituelle Literatur, Kontakte mit fremden Kulturen, freundlichen Menschen, aber manchmal ergaben sich auch recht brenzlige Situationen. Türkei, das Meer, die Wüste, das wilde Kurdistan, der Iran, der Schah war noch an der Macht, doch die Revolte gegen ihn war nicht mehr zu unterdrücken. Dann Afghanistan – einige Hippies und einheimische Männer mit Turbanen, mit Pferd und Gewehr, in den Lokalen keine Stühle, nur Liegen, dann die Musik, die tanzenden Männer und Ganscha, Haschisch. Dadurch wurde etwas anders – der Schlaf, das Aufwachen, irgend etwas war nicht mehr so klar wie zuvor. Wie nach dem ersten Rausch oder dem ersten Beischlaf ist die Welt auch hier eine andere geworden. Eine gewisse Unschuld und Reinheit geht verloren, aber dafür lösen sich altgewohnte Denkweisen auf. Das Leben, es wird fließender, nicht mehr so starr und strukturiert.

Pakistan – so viele Menschen, dicht die Straßen verstopfend und manche herunter gekommenen Freaks, die nur noch vor sich hin vegetieren – zu viel Dope! Eine große Versuchung ist dies – Exotik, Rausch, bunte Welten, herrliche Tempel in Indien, bettelnde Kinder, die nicht nachlassen, lauter Straßenlärm – irgendwann wird alles zu viel. Durchfall, Fieber, Krämpfe und keine Hilfe. Der Freund war nur mit sich und Drogen beschäftigt. Johannes litt – nur knapp überlebte er diese Zeit.

Weiter nach Rajasthan – Yogis und Sadhus und noch einmal eine ganz andere Welt. Ein Yogi sitzt stundenlang in einem eiskalten See - nachts bei frostigen Temperaturen. Schon beeindruckend – ein Tempel im See, schmuck-beladene Frauen, bei jedem Schritt hat man das Gefühl, man tritt auf heiliges Land.

Dann Goa – das Hippie-Paradies, ein Leben unter Palmen, am Meer in einfachen Hütten – Partys, Gespräche, Liebeleien – sich erholen und stärken und die vielen Geschichten, die Reisende einander zu erzählen haben. Dann die Sannyasins aus Poona, immer gut drauf. Deren Kinder leben am Strand ganz ohne Pflichten wie im Paradies auf, weil die Eltern die meiste Zeit in Poona, im Ashram verbringen. Erstaunlich ist deren Entwicklung, weil auf sich alleine gestellt. Was für eine Reife - die entwickeln sich viel zu schnell. Am Lagerfeuer mit Erwachsenen, da ist kaum ein Unterschied, sie erzählen Geschichten und können sogar Erwachsene zum Weinen bringen. Nichts Kindliches war mehr, nur Reife, Selbstständigkeit, Abgeklärtheit und ein großes Selbstbewusstsein. Das war für viele Erwachsene schon recht befremdlich.

Ja überhaupt dieses Poona – echt ausgeflippte Leute, immer gut drauf rattern sie mit Motorrädern in orangenen Gewändern durch die Stadt, arbeiten im Garten des Ashrams wie Besessene, liegen sich gegenseitig in den Armen und bereiten sich tagelang auf eine Audienz mit Baghwan vor, um dann vielleicht schon vom Sekretär abgewiesen zu werden, weil Baghwan kein Henna, keine Seife oder sonstige Gerüche mag. Eine verrückte Welt, zu der Johannes keinen Zugang fand.

Dann lieber wieder weiter – in den Norden Indiens nach Jaipur, der Stadt der Edelsteine und nach Varanasi, die heilige Stadt der Hindus am Ganges. Ein Elefanten-Ritt durch die Stadt, die vielen durch die Stadt getragenen Toten zur Bestattungsstelle und jede Menge Sadhus am Ufer des Ganges. Sadhus haben ihr Leben ganz dem Spirituellen geweiht. Eine gemeinsame Bootsfahrt mit einem Sadhu: Alles dürfen wir fotografieren, nur die Totenverbrennungen nicht. Der Kumpel hält sich nicht daran. Beim Aussteigen fällt ihm die Kamera ins Wasser und Johannes war kurz wie gelähmt, so dass er sie nur noch aus dem Wasser fischen konnte. Später in Nepal, nach der Reparatur und Entwicklung, waren alle Bilder gerettet, nur die letzten mit den Totenverbrennungen waren futsch. Komische Zeiten für einen rational und wissenschaftlich geschulten Geist.

In Kathmandu wurde das gemeinsame Auto zu einem guten Preis verkauft. Danach ging Johannes erst einmal alleine weiter – nach Pokhara, einer ruhigen Stadt, an einem herrlichen See im Himalaya gelegen. Diese gewaltige Natur und die religiöse Hingabe der Bevölkerung, das bewegte Johannes Seele sehr. Buddhistische Mönche und dann Jünger der Hare

Krishna-Bewegung – das erste mal hörte er etwas von Reinkarnation und Karma, von Wiederverkörperung und Schicksal und und und – und alles leuchtete sofort ein.

Das war wohl die Lektion, die auf dieser Reise zu lernen war; dann noch ein kurzer Aufenthalt in Burma, danach Thailand und wieder Fieber, Hitze, der Moloch Bangkok – in ziemlich abgemagerten und schwächlichem Zustand war nur mehr der Flug nach „Hause" angesagt. Nichts mit Welt-Umrundung, Abenteuer und den schönen Stränden, den offenherzigen Mädchen und dem leichten Leben, das Thailand den Fremden damals versprach.

Doch wie ist das Zuhause anders geworden. In den Kneipen der Stadt nur ein „Spielen", ein sich zur Schau stellen, ein seltsames „Theater". Jeder meint, eine gewisse Rolle spielen zu müssen. Wie anders die einfachen, gläubigen und ehrlichen Menschen in Asien doch gewesen sind! Kann Johannes hier überhaupt noch einmal Fuß fassen?

Ein neues Suchen beginnt – Jobs, Wohnung, Freunde, alte Beziehungen – nein, es geht nicht mehr. Umzug aufs Land, in eine Landkommune – harte, erdverbundene und aufrechte Seelen, aber kein Spirit, wenig Innerlichkeit. Dann eine Begegnung mit ihr, der „großen Liebe" - schmetterlingshaft begrüßen sich zwei verwandte Seelen, wie zwei bunten Vögeln gleich. Sie will nach Sri Lanka auswandern, will alles los-

lassen in Berlin, die Freunde, die Kommunen, das ausschweifende Leben. Eva findet gefallen an Johannes, wohl weil sein indischer Trip ihr wie eine Wegweisung erscheint. Und sie entschließen sich, zusammen nach Sri Lanka zu reisen. Sie flog zwei Wochen früher – als auch er dort erscheint, ist sie schon ganz anders geworden, wie eine Lotosblüte hat sie ihre Seele dem Buddha geöffnet, der aus allen Tempeln, Figuren und Blüten sein mildes Lächeln vergießt.

Welch ein Traum – in feierlicher und reiner Liebe den Sternenhimmel, die zauberhafte Natur und die einfachen und herzlichen Menschen begrüßen zu dürfen. Das Herz geht auf.

Und doch ist da noch etwas, was in Johannes Herz zu nagen beginnt. Bewundernswert die asketischen und von Freude erfüllten Mönche im Ashram, die heiligen und reinen Tempelanlagen, doch irgendwie zog es Johannes noch einmal in ein christliches Retreat-Center, um etwas Abstand, um Ruhe und Besinnung gewinnen zu können. Ganz anders die Priester und Nonnen hier, sie lassen ihn in Ruhe. Auch ist alles „normaler", menschlicher hier. Der schöne, ruhige Garten und dann vor einer Christus-Statue – wie der „Blitz" die Erkenntnis: Buddha, ja seine Milde, Freundlichkeit und Weisheit, sie tut gut. Er ist wie ein guter Freund. Doch Christus – da ist noch was anderes, er ist mehr, er ist der innere Kraftquell, er ist sein innerer Führer, so verspürte dies Johannes in einer

*tiefen Verbundenheit. Innere Freude und Sicherheit
quillt aus dieser Erkenntnis, die sein weiteres Leben
prägen wird.*

*Und was ist mit Eva? Die Liebe ist da, sie strömt
durch all seine Adern, doch während der weiteren
Reise ist es den beiden nicht mehr vergönnt, sich
wieder zu sehen.*

*Abschied aus Sri Lanka, das Visa war abgelaufen.
Kerala am Meer, die schlaffen Freaks, viel Dreck und
Lärm – Indien halt. Aber immer die schöne Abendstim-
mung, wenn die Sonne sich neigt und eine friedliche
Ruhe das Land umfasst. Ein kurzes Stillehalten des
Atems der Natur bis danach der abendliche Lärm in
einem großen „Bazar“ seinen bunten Zauber ver-
breitet.*

*Und dann Tage im Dschungel – ganz allein – wilde
Affen, Elefanten, Schlangen und eine morgendliche
Symphonie des Dschungels: vom zarten Piepsen des
ersten Vogels bis ins Crescendo der darin einstim-
menden Tiere, vollendet im Fortissimo, wenn zuletzt
die Elefanten ihren Morgenruf erschallen lassen –
welch eine Kraft und Größe.*

*Die nächste Station in Indien: Pondicherie – und der
integrale Yoga des Sri Aurobindo, der die östliche und
die westliche Geistigkeit verbinden will – ein reiner
Ort. Dann Auroville – eine neue Gemeinschaftsform
will sich entwickeln, die aus spirituellen Kräften getragen sein soll. Dann Hampi – eine alte Tempelan-*

lage zu Ehren Shivas. Ein magischer Ort – alles tönt und klingt, eine jungfräuliche Erde und viele Tempel-Ruinen, Zeugen einer vergangenen Hochkultur, die von Hippies und spirituellen Suchern bewohnt ist und in denen unerklärliche Ereignisse geschehen. Eines Nachts, in einer Vollmond-Nacht, erfüllt von den Klängen chantender Mönche: ein Abgrund tut sich auf, die „Unterwelt" erscheint vor der Seele des Johannes. Zuvor war er tagelang umhergewandert wie auf einem fremden Stern. Mit Yoga, Tai Chi, kahlgeschorenem Kopf pilgerte er durch das Land, „einen Meter über der Erde" schwebend, so fühlte er sich selbst. Doch die Unterwelt, Herren in reichen, maßgeschneiderten Anzügen mit Schweins-Gesichtern und Fratzen bewegten sich wie aus dem Nichts kommend immer stärker auf ihn zu. Und er konnte sich nicht mehr wehren, er fühlte nur das Unheil, den Wahnsinn, den er erfahren müsste, wenn sie ihn kriegen würden. Da kam ihm in größter Not der Gedanke an Christus: Hilf mir! Und rasch war der ganze Spuk wieder vorbei. Noch mal Glück gehabt. Aber den Ort, den verlassenen Tempel auf einem Berg aus großen, runden Steinen, wie riesige Kieselsteine aufeinandergelegt, den sollte er besser verlassen.

Poona: Baghwan und seine Getreuen – viel westliches Gehabe. Die laschen Freaks aus Kerala sind hier wie verwandelt - lachend mit hübschen Frauen in den Armen, scheinen sie wie neugeboren zu sein. Yoga, Tai

Chi, Lectures mit Baghwan – aber das ist nicht wirklich Indien. Also weiter und immer weiter, obwohl er innerlich inzwischen wusste, dass die innere Ruhe nicht an einem äußeren Orte gefunden werden kann.

Trotzdem, Vrindaven ist eine heilige Stadt: 5000 Tempel in der kleinen Stadt, viele Pfaue auf den Wegen und überall chantende Menschen „Hare Krishna, Hare Krishna, Hare Krishna …“ Der Geburtsort Krishnas. Ein paar Tage in einem Krishna-Tempel haben gereicht. Von außen, durch Regeln aufgezwungenes religiöses Leben klappt nicht wirklich.

Rishikesh: die Stadt der Yogis im Himalaya am Ganges. Es dünkte wie ein großer Kurort mit den vielen Ashrams, die durch Yoga und Ayurveda Erlösung von den Gebrechen und Leiden der Pilger und Gäste anboten. Aber in der umgebenden Natur, dort klingt alles noch rein – im Lied des Schäfers mit seiner Herde, da ist kein Unterschied mehr zwischen ihnen – oder bei den Yogis, in Meditation vertieft, einsam im Wald, das wirkt stimmig und klar. Doch die Mönche, die bei der abendlichen Pooja im Ashram sich vor dem Einschlafen hüten müssen, zeigen auch hier die allzu menschlichen Grenzen auf.

Drei Monate Visa gehen zu Ende – es bleiben nur noch ein paar Tage in Daressalam, wo der Dalai Lama und viele Tibeter eine Zuflucht gefunden haben. Und wie anders ist hier alles wieder. Keine nervigen Inder, die *einen vollplappern mit ihrer Sehnsucht nach dem westlichen „Way of Live" und diesen Lebensstil oftmals noch in ziemlich verzerrter Weise zelebrieren.*

Hier erlebt Johannes noch eine Dorf-Gemeinschaft, die den Namen auch verdient. Alle kommen abends um ein Feuer zusammen und beten oder chanten ihre Mala, singen und tanzen. Auch die Jugend ist eher dem Geist von Woodstock zugetan, als der schrillen Disco-Musik, für die die indische Jugend einen Faible hat. So viel Religiosität und Herzlichkeit tat gut.

Bei einer Pooja im Freien, Mönche opferten Nahrung, übergaben diese dem Feuer, Hunde drumherum sorgten wie selbstverständlich dafür, dass keine ungebetenen Gäste stören konnten. Alles schien mit allem verwoben zu sein.

Doch dann wartete eine anstrengende und harte Rückreise auf dem Landweg, denn das Geld war bald alle – in Istanbul ganz. Aber keine Panik – alles folgte doch einem gütigen Schicksal, wenn auch mit sonderbaren Ereignissen. Irgendwann war Johannes wieder daheim: Reich beschenkt, mittel- und heimatlos, innerlich angeregt, aber immer noch auf der Suche. Wie und wo wird es wohl weitergehen?

Eine Heimat finden

Mit Nichts ankommen im Elternhaus – ausruhen. Waren Ideen entstanden, um die Zukunft sinnvoll gestalten zu können? Nein, nicht wirklich, viel eher war ein Verarbeiten und Integrieren des Erlebten angesagt.

Jedoch, die Selbst-Disziplin hat sich gestärkt. Morgens bei Sonnen-Aufgang – Yoga und Meditation, danach Rosenkreuzer-Studien und dann schauen, was der Tag so bringt. Was ist hier am Ort für Johannes zu tun?

Ja, eine neue Liebe zu einer jungen Frau – durch sie eine Berührung mit der Kunst und später mit der Anthroposophie. Eine eigene Wohnung, Versuche, ein Studium zu beginnen (Indologie und Ethnologie), doch das akademische Lernen war ihm zu abstrakt. Dann ein Versuch, in der technischen Arbeitswelt in einem staatlichen Betrieb unterzukommen. Zu langweilig – die Ausschau auf die Pension oder die Rente und ansonsten nur Konkurrenz, Karriere und die Zeit herumkriegen, ohne große innere Anteilnahme an der Arbeit. Dann doch erst mal lieber jobben – als Weinberghüter und LKW-Fahrer in einer Getreidemühle mit harter körperlicher Anstrengung. Fest auf die Erde kommen, mit jeder Anstrengung mehr - bis eines Tages der Meniskus riss.

In dieser Zeit wurde die Anthroposophie immer wich-

tiger und lebendiger in ihm. Sie schafft es tatsächlich, eine östliche Spiritualität so zu verstehen, dass sie mit einer europäischen Geistigkeit in keinem Widerspruch steht, die aber auch spezifisch europäische Wege findet, weil inzwischen einfach eine andere Entwicklungs-Epoche in der Geistesgeschichte neu begonnen und stattgefunden hat. Und wie reichhaltig ist das Geistesleben in Mittel-Europa, wenn man sich aufmacht, diese Schätze zu suchen. Musik, Kunst, Philosophie, Alchemie, der deutsche Idealismus, die Romantik, die Aufklärung, vieles erschien Johannes so, als müsste er erst jetzt die reichhaltige Kultur und die Geistes-Entwicklung der Menschheit nachholen und nacherleben, weil eine einseitig naturwissenschaftlich und technisch ausgerichtete Schule es nicht wirklich vermochte, von diesem europäischen Geist genügend zu vermitteln.

Ein anthroposophisches Studium mit Arbeitseinsätzen auf Sylt, dann eine zeitgeschichtliche und philosophische Grundlagenarbeit mit viel künstlerischer Betätigung in einer Stuttgarter Bildungsstätte, das weckte in ihm die Liebe zur Kunst. Eine romantische Phase begann mit viel entbehrendem Liebesdrang – wie ein echter Romantiker halt. Hölderlin und Novalis waren seine Genien in dieser Zeit. Doch irgendwann will man im 20. Jahrhundert ankommen – er mit dem Satz von Arnold Schönberg: „Nimm mir die Sehnsucht – gib mit das Glück".

Ja, dieses Glück wollte Johannes suchen. Die Idee nach einem ausgiebigen und lehrreichen Anthroposophie- und Pädagogik-Studium war: ein Leben in einer Gemeinschaft zum Wohle der Natur und bedürftiger Menschen.

Ein eigenständiges Studien- und Arbeitsprojekt mit recht jungen Menschen entstand mit einigen schönen Initiativen und viel Widerspruch, vor allem von innen her, also im zwischenmenschlichen Bereich. Und wieder ein kurzer Trip nach Sri Lanka, zur „alten" Freundin, die inzwischen mit ihrem Partner ein Meditations-Center aufgebaut hatte, wo auch buddhistische Mönche Zuflucht von ihrem klösterlichen Leben suchten, das eben auch so seine Tücken hat. Schöne, interessante und wichtige Begegnungen gab es dadurch für Johannes und die Erkenntnis, dass ein ehrlich strebender Buddhist irgendwann auch der Sphäre des Christus begegnen wird. Buddhistische Mönche lesen Hegel, Fichte, Schelling, während viele westliche Zeitgenossen ihr Glück in einer östlichen Geistigkeit vermuten.

Doch was halfen diese ganzen Erkenntnisse? Und wieder blieb nur Rückzug und ein autodidaktisches Studieren: Anthroposophie, Psychologie, Naturheilkunde und Astrologie und immer wieder das Malen, die Kunst. Dies rettete ihn vor manchem Loch, aber das Malen, es ist selbst immer ein schmerzhafter Gang. Unter „Wehen" entsteht meistens das nächste

Bild – gleich einer Geburt. Wie seine seelischen Kinder empfand er seine Bilder. Doch die Welt, kann sie damit etwas anfangen? Eine Gemeinschafts-Ausstellung, die Resonanz – bescheiden. Wie stimmig das Bild vom armen Poeten.

Dann eine Arbeit mit psychiatrischen Jugendlichen. Wie viel man schon mit relativ „wenig" bei diesen Jugendlichen erreichen kann, wenn man ihnen ganz menschlich, also ohne große wissenschaftliche Ansprüche begegnet! Nur die Engel dürfen mithelfen. Dadurch kommen Impulse rein, die sogar die Herren Doktoren staunen lassen. Doch das Umfeld war recht eng. Auch geht die künstlerische Kraft verloren - die Arbeit „frisst" doch viel an Energie, Kraft und Muse auf.

Und wieder Rückzug, Suche, Kunst. Viele Bekannte, Gleichgesinnte, viele geistige Anregungen, aber keine befriedigende Arbeit, wenig Geld, kein Ziel. Noch einmal ein Versuch in einem neuen Berufsfeld – als Masseur, doch dann machte der Gesundheits-Minister einen Strich durch die Rechnung. Es wurden viele Stellen einfach weggespart. Was blieb? - die Kunst und die Sehnsucht nach einem besseren Ort und nach der Frau.

Johannes wollte weg von Liebeleien und flüchtigen Bekanntschaften, das Leben eines Boheme war ihm überdrüssig geworden. Seine „Schwesterseele", seine Lebensgefährtin sollte erscheinen. Und sie erschien –

die Sterne weissagten es – und auf die Stunde genau lief sie ihm über den Weg. Doch das ist wieder eine längere Geschichte.

Auch in der Liebe läuft nicht immer alles rund. Zweifel, Ängste und alte seelische Wunden müssen überwunden werden, bis die Liebe sich selbst im Paar erkennen kann. Und bald darauf gab es eine Frucht dieser Liebe – einen Sohn. Aber das ging auch nicht so einfach – ein Umzug, eine Arbeitsstelle, eine Wohnung musste her. Gerade als er sich langsam wieder an den Heimatort gewöhnt hatte, kam die Zeit eines neuen Aufbruchs heran. Eine Wohnung mit der Partnerin, eine Arbeit als Masseur in einem Krankenhaus, das Hineinwachsen in eine eigene Familie, ein zweites Kind, noch ein Sohn und dann die Aufgabe, die Erziehung zu Hause zu übernehmen, da die Mutter gerne voll in ihrem Beruf arbeiten wollte. Johannes war nicht abgeneigt, denn dann konnte er in Ruhe seine Gedanken und Erkenntnisse, die sich immer mehr in seine Seele drängten, in Bücher umsetzen. Leider blieb auch da der gesellschaftliche Erfolg aus. Scheinbar hat niemand ein Interesse, die Werke eines Hausmannes zu veröffentlichen, der keinen „Namen" hat und mehr im Rückzug aus der Welt verharren muss. Denn die „Kleinen" brauchen Rhythmus, An-wesenheit und viel Zeit und Kraft. Da konnte er doch sehr gut mit den Müttern mitfühlen, vor allem mit denen, die ihre Kinder alleine aufziehen müssen.

Denn dabei ist man Koch, Erzieher, Haushälter, Krankenpfleger und damit rund um die Uhr beschäftigt, ohne freien Tag. Kein Wunder, dass sich Johannes manchmal recht fremd vorkam in dieser Rolle als Mann, denn der soll ja „normalerweise" erfolgreich in der Welt seinen Job verrichten. Doch am Schlimmsten sind die Gefühle: man wird den Kindern nicht wirklich gerecht. Zu oft ist Johannes gereizt, ist nicht selbstlos genug und schaut vermehrt, dass alles, vor allem der Tagesablauf mit Kindergarten und Schule einigermaßen reibungslos funktioniert, damit er auch noch etwas Zeit finden kann für seine Forschungen und für seine Kunst.

Kinder schenken viel, sie kosten aber auch viel Kraft, die Beziehung mit der Frau natürlich auch. Die Jahre vergehen, im Nachhinein betrachtet, aber doch sehr schnell. Die Mühen des Alltags, einige schöne Urlaube am Meer oder in den Bergen und viele Ausflüge in die Natur mit der Familie – davon haben alle etwas.

Und doch, ohne ein geistiges Streben wäre für Johannes alles recht eintönig, gewöhnlich und lau. Welch ein Narr, mag hier vielleicht so mancher denken. Er wohnt an einem schönen Ort, mit eigener Wohnung, einer tollen Frau und inzwischen großen Jungs, die ihren eigenen Weg finden und gehen werden. Und dann sind sie auch schon bald aus dem Haus. Was kommt dann? Darf ein neuer Lebens-Abschnitt folgen oder ist das Ziel schon erreicht?

Gewiss, noch lange nicht. Den Stein der Weisen, hat Johannes ihn schon gefunden? Ist die Suche des „heiligen Narren", der die reine, die himmlische Liebe anstrebt, schon am Ende, an seinem Ziel angekommen mit der Erfüllung familiärer Pflichten und dem Niederschreiben etlicher Weisheiten und Erkenntnisse in seinen Büchern?

Sicherlich, er hat sich viel Wissen und Erfahrung angeeignet, davon können andere lernen und profitieren. Aber noch immer treibt ihn unermüdlich eine innere Kraft, höher, weiter, reiner und selbstloser zu werden, damit das Hohe, das Göttliche in ihn einziehen kann. Die Vereinigung mit dem Göttlichen, dies ist seines Strebens Ziel.

Der heilige Narr hört nicht auf bei den kleinen Narreteien des Lebens. Er verzichtet notfalls auf alles, um das Höchste finden und erhalten zu dürfen. Dahin geht sein weiterer Weg. Was auf diesem Weg sich ihm entgegenstellt, das will er freudig annehmen. Alles soll ihm dazu gereichen, auch die Hindernisse, um mit „närrischer Liebe" auch diese wegräumen zu können. „Wohl an, so schreite deines Weges, der nur der deinige ist!" Freunde sind willkommen, aber auch allein geht der Wanderer fröhlichen Schrittes in die Welt von Morgen. Komme, was da kommen mag, es wird alles immer eine Hilfe sein für die nächsten Schritte in das Land der Verheißung, das nicht erst im Jenseits beginnt.

Den Stein der Weisen, man findet ihn durch die vielen Bemühungen des Menschen von „unten" und durch die Gnade, die ihm von „oben" zuteil werden kann. Beides zusammen bringt erst die reife Frucht. Es ist schließlich der Weg der Liebe von unten nach oben und von oben nach unten, der eine neue Welt erzeugt.

Die Liebe ist eine zeugende und schaffende Kraft. Sie ist Sinn und Ziel des heiligen Narren, letztlich aber auch der gesamten Erd- und Menschheits-Entwicklung. Wahrscheinlich hat unser Johannes nicht so viel zum Bruttosozialprodukt beigetragen und auch sonst hat die Welt nicht viel von ihm gesehen. Doch er hat eine Verbindung aufgebaut und gepflegt nach oben, zu den hohen Genien, zu den Engeln des weiten Alls. Und dies ist gerade in unserer Zeit, in der das Himmlische vergessen, verhöhnt oder bezweifelt wird, von nicht zu unterschätzender Bedeutung. Der Weg vom Taugenichts zum Narren, der nicht mehr nach Geld, Ruhm, Macht und Besitz streben will, er öffnet neue Räume, die sonst leer bleiben, verstauben müssten – und dies macht wirklich einen Sinn.

Mit Humor und Gesang, aber auch mit Traurigkeit, Sehnsucht und Wehmut, doch immer mit dem Namen Gottes auf den Lippen, das Leben, es wird dadurch reicher, schöner, tiefer und allmählich in einer reifen Liebesglut erglänzen. Das ist sein Glück, das ist seine Kunst. Es ist die Kunst der Vermählung, die in allen Bereichen des Seins geschehen darf.

Mit dieser Kunst wird alles schön - Mensch und Gott, Erde und Himmel, Frau und Mann, Mond und Sonne – in der Vermählung wird ein Drittes gezeugt, ein Kind, eine Idee, ein Werk, ein neues Sein.

Der Stein der Weisen, er ist das neue Sein, die befreite Materie, die erlöste Erde, der vergöttlichte Mensch, in diesem der Himmel und die Erde eine Vermählung eingegangen sind.

In diesem Sinne können wir in den folgenden Kapiteln den Erkenntnissen und Weisheiten unseres „Narren" gedanklich nachlauschen und innerlich besinnend prüfen, ob sie auch eine Bedeutung für das jeweils eigene Leben haben können.

Ins freie Land

Zahlreiche Abhängigkeiten bilden sich im Leben oftmals aus. Das Geld, der Genuss, mannigfaltige Süchte und zwischenmenschliche Bindungen, vieles kann den Menschen so stark vereinnahmen und beschäftigen, dass er ohne Abhängigkeiten und Anhaftungen, sowie immer stärkeren Reizen nicht mehr zu leben versteht. Ja, man hat manchmal sogar Angst vor einem Leben ohne „Stoff", ohne Ablenkung, ohne „Beruhigung" und Berieselung, ohne Amusement und ohne die Sicherheiten des Gewohnten, des allzu Bekannten; auch wenn diese selbsterzeugten „Klammerungen" zunehmend fesseln oder gar krank machen können.

Doch wie kommt man da wieder raus ohne allzu große Schäden und mit möglichst geringen Schmerzen?

Viele Menschen leben nur noch in einem gedrosseltem Tempo oder sie erhöhen dieses durch die Jagd nach Geld und Sinnlichkeit. Man begnügt sich mit zahlreichen Ersatzbefriedigungen, die aber nicht wirklich erfüllen, da sie keinen rechten Sinn erschaffen können. Ein sinnvolles und befriedigendes Leben, das ist es, was uns von den Abhängigkeiten befreien kann. Aber dahin zu finden, ist gar nicht so leicht.

Sind wir ehrlich und wahrhaftig mit uns selbst? Sind wir bereit, auch unseren Schatten vollständig anzuschauen und aus ihm zu lernen? Wo und wann sind die

Verletzungen und Wunden entstanden und geschehen, die uns hindern, am vollen Leben teilzunehmen?

Demzufolge ist vor allem eine Selbstbetrachtung notwendig. Wann und wer hat mir in meinem Leben das größte Leid zugefügt? Habe ich ihm schon verziehen oder meide ich immer noch Situationen, um ja einen solchen Schmerz nicht mehr erleben zu müssen?

Schau doch endlich in einen Spiegel, schau dich an! Wie bist du geworden? Kannst du dich so annehmen, kannst du mit dir zufrieden sein und dich so lieben, wie du eben geworden bist?

Schaue lange in den Spiegel. Dein Gesicht wird sich mit der Zeit verändern und du wirst ganz andere Ausdrucksweisen und Nuancen erblicken, vor denen du vielleicht erschrecken wirst. Hässliche Fratzen, traurige oder wütende Gesichtsausdrücke kannst du wahrnehmen, je länger du in den Spiegel schaust. Alles was du siehst, hat jedoch mit dir zu tun, es sind Seiten in dir, die du nicht gerne sehen magst, vor denen du dich mit Ablenkungen und Süchten verhüllst.

Suche das Gesicht mit der größten Wunde, mit dem größten Schmerz und sprich mit ihm – besser noch, lass es selber sprechen. Was will es dir sagen? Was kommt hoch – Abscheu, Ekel, Hass, Schmerz, Wut oder Trauer?

Wende dich nicht ab – hab Mitleid mit ihm, mit diesem deinem Spiegelbild. Zeige deinem „dunklen Bruder“ beziehungsweise deiner dunklen Schwester dein Mitge-

fühl. Nehme ihn an, aber verweise auch auf die Sehnsucht in dir nach einer Befreiung, nach einem liebevollen Sein. Dazu muss der Schatten gewandelt werden. Solange das nicht geschieht, besteht nämlich eine große Ablehnung in uns, eine Selbst-Ablehnung. Diese spiegelt sich freilich auch in der Welt, der wir oftmals ablehnend und kritisierend gegenüber stehen. „Die Welt ist schlecht, voller Greuel und Unvollkommenheiten". Aber sind es nicht vor allem unsere Minderwertigkeitsgefühle und Ablehnungen, die wir in die Welt spiegeln und dort hinaus projizieren? Schließlich, haben wir vielleicht mehr Sehnsucht nach dem Untergang, nach dem Tod als nach einem glücklichen und gesunden Leben?

Sehr viel Hass und Misstrauen ergießt sich in die Welt. Ist dies aber nicht auch ein Zeichen dafür, dass viele Menschen das gute Leben noch nicht in sich entdeckt und gefunden haben? Destruktive Gefühle und Stimmungen gegenüber Anderen, gegenüber Flüchtlingen, Ausländern, Juden, Schwulen, Zigeunern und so weiter zeigen letztlich nur, dass wir Menschen unsere eigenen destruktiven seelischen Kräfte immer noch nicht genügend sehen wollen. Den Fremden und Andersartigen in uns, also den eigenen Schatten, den wir oftmals verdrängen und ablehnen, ihn gilt es anzunehmen. So lange wir diesen nicht in uns anschauen und erkennen, so lange werden wir ihn im Äußeren verteufeln und bekämpfen.

Schaue in den Spiegel – lange – bei mattem Licht. Schau dir in die Augen – nicht mit starrem Blick, sondern weich, liebevoll – er wird sich zeigen, dieser Schatten. Schau ihn an – so lange, bis du ihn annehmen und verstehen kannst.

Hinter jeder Wut steckt letztlich eine Enttäuschung und eine Trauer. Vielleicht schon ganz früh durch die Trennung von der Mutter hervorgerufen oder gar aus früheren Leben herrührend. Zeige Mitleid und Liebe mit ihm, deinem Schatten, nimm ihn in deine Arme, imaginativ in der Vorstellung und tröste ihn, lass auch deine Tränen zu. Und nimm ihn bei der Hand und sag ihm, dass wir nun ins freie Leben schreiten wollen. Ein neues Leben will geboren werden! Wir wollen das Leben bejahen und lieben, wir wollen gemeinsam dem Leben vertrauen, weil dieses sich nur in einem Vertrauen zu allem Lebendigen, also in einem Urvertrauen in einem guten Sinne äußern kann.

Anfangs mögen die Schritte nur zaghaft und zweifelnd machbar sein. Im Leben braucht man eben viel Geduld. Das neue Leben offenbart sich nicht auf einen Schlag. Immer wieder muss man sich auf die guten Kräfte besinnen, auf die Liebe zum Leben, zur Natur und zum Mitmenschen, auf das Vertrauen, dass das Leben es gut meint, mit jedem von uns und dann auf die vielen Tugenden wie die Bescheidenheit, die Milde, die Geduld, die Demut, die Ausdauer und die Treue zu sich selbst und zu seinem innersten Wesen, das uns auf dem Weg zu einem lebensvollen Sein begleiten will. Und vor allem ist es der Sinn, also die Aufgabe, einen Sinn beziehungsweise eine sinnvolle Aufgabe zu finden, die uns eine Erfüllung schenkt.

Diesen Sinn finden wir nicht in Abhängigkeiten und Süchten, nicht in Verneinungen und Destruktivitäten, sondern im Bejahen des vollen Lebens, so wie es uns immer mehr entgegenkommt, wenn wir unserer Sehnsucht, unserem Wunsch nach einem guten, sinnvollen und langen Leben nachgehen wollen.

Vielleicht wird so aus dem Taugenichts, aus dem tumben Toren ein freier und mündiger Mensch, quasi ein „heiliger Narr", der keine äußeren Regeln und Normen mehr braucht, weil er in sich eine Richtschnur gefunden hat, die ihn weise im Leben führt. Die Liebe zum Leben, zu jedem Tag und das Vertrauen, dass das Leben ihn sicher und wahrhaftig führt, wenn er bereit ist, über seine Unvollkommenheiten und Einseitigkeiten mit etwas Humor und einem weisen Lächeln hinweg zu wandeln.

Oftmals kämpfen wir ja noch krampfhaft gegen alles Negative an. Dadurch kann dieses erst recht einen großen Raum in unserem Leben einnehmen. Mit der Zeit wird man sich aber mit seinen Mängeln arrangieren müssen, weil sie sonst irgendwann in Krankhaftes hineinführen, so lange, bis man mit ihnen „spielen" lernt. Dadurch gewinnt man einen gewissen Abstand und einen kreativen Umgang damit.

Ganz besonders ist es heilsam, wenn man diese Einseitigkeiten so darstellen und allmählich so in sich integrieren kann, dass man sogar Andere damit zum Schmunzeln bringt. Wenn man also über seine Fehler lachen kann, dann ist der Weg nicht mehr weit, diese auch überwinden beziehungsweise ausgleichen zu können. Nur wenn wir daran klammern oder wenn wir sie noch verstecken müssen, haben sie uns in ihrer Gewalt.

Viele Narreteien gibt es, wie die Gier nach Lust und Vergnügen, nach Oberflächlichkeiten und Ablenkungen, das Klammern an Macht, Besitz und Reichtum, auf alles pfeift der Narr. Er dient nur dem freien Leben und hält den Leuten damit einen Spiegel vor, ob es ihnen gefällt oder auch nicht. So kommt es schon mal vor, dass der Narr verächtlich abgetan und abgewiesen wird mit seinem „närrischen Zeugs", ja, dass er manchmal sogar bekämpft wird. Aber warum gehen die Leute in den Zirkus zu den Clowns, zu den Kabarettisten und Spaßmachern, warum gab es den Hofnarren, einen Till Eulenspiegel und viele andere?

Weil diese alle einen Spiegel anbieten, in dem gewisse Einseitigkeiten auf humorvolle Weise sichtbar werden können. Und dies wirkt befreiend, wenn wir auch den tieferen Sinn nicht immer sogleich verstehen. Es lockert auf – und das ist der erste Schritt, um aus einer seelischen Verhärtung herauskommen zu können.

Darum: achtet und schätzt die Narren und Tauge-

nichtse dieser Welt. Sie führen ins freie Land, in dem jeder den „Menschen" finden kann, der er in seinem Urbild schon immer gewesen ist.

Auch im Spiegel kann dieser erscheinen, wenn wir durch die unangenehmen, hässlichen und einseitigen Äußerungen unserer Seele durchgegangen sind. Für diesen inneren, für den freien Menschen dürfen wir eine Verantwortung übernehmen, ihn gilt es zu achten, zu schützen und zu pflegen.

So ist das freie Land zunächst in uns selbst zu suchen, dann erst kann es auch in der äußeren Welt realisiert werden. Entscheidend dabei wird aber sein, dass wir uns nicht mehr nur als ein Opfer empfinden gegenüber der oftmals harten und schwierigen Welt. Denn daraus resultieren nur Ablehnungen, Demütigungen, Ungerechtigkeitsgefühle und ein mangelndes Vertrauen.

Eine schlimme Kindheit und ein ungütiges Leben lässt freilich verhärten. Da kommen Stoffe gerade recht, die uns eine schönere Welt vorgaukeln, die uns das Leben erträglich machen. Die Sucht darf aber nicht die Hauptsache sein im Leben. Das Wichtigste für eine gesunde Persönlichkeitsentwicklung ist doch der Sinn, dem wir unserem Leben und zwar im Hier und Heute geben können.

Was ist mir momentan das Wichtigste, was lässt mein Herz freier und höher schlagen, was füllt mich aus und schenkt mir Wärme und Licht?

Auf den Sinn können wir nicht warten, er kommt uns

nicht irgendwann einmal entgegen geflogen. Die Weisheit des Herzens erkennt erst den Sinn. In der Stille des Herzens kann er sich offenbaren.

Doch dieser Sinn ist auch nicht irgendwo in einem fernen Himmel. Im konkreten Leben wird er geistesgegenwärtig zu erfassen sein. Dieses Sinnhafte kann eine persönliche Lebensaufgabe sein, zum Beispiel das Pflegen und Hüten der Natur oder ein Helfen und Dienen für Menschen, die in einer Notlage sind oder ein kreatives Schaffen, das einen selbst und der Erde erneuernde, gesundende und verschönernde Impulse schenkt.

Wir haben ja viele Freiheiten – sie müssen nur erkannt und gelebt werden. Eine Freiheit ist ja auch die, dass wir in unserer Persönlichkeitsentwicklung immer weiter wachsen und im Seelisch-Geistigen reifen wollen und dann auch können. Diese Erweiterung geschieht vor allem auch, wenn wir unsere Ängste und Abhängigkeiten nicht mehr verdrängen, sondern mutig in ihre „Augen" schauen. Denn dann verlieren sie ihre Macht über uns. Unser Leben ist nämlich viel größer als unsere Mängel und Unvollkommenheiten dies vorzugeben scheinen. Wir haben als Menschen und als Menschheit noch eine weite Zukunft vor uns und deshalb noch viele Möglichkeiten zur Entwicklung unseres persönlichen Seins. Entscheidend ist, woran unser Herz in wahrhaftiger Sehnsucht hängt!

Aus den inneren Schmerzen und Leiden können Rosen

erblühen. Vor dem Schmerz dürfen wir nicht fliehen und auch nicht resignieren, denn er ist die Stelle, aus der die „Rosen" hervorbrechen wollen. Nicht umsonst enthält die Rose auch Dornen. Wer die Dornen meiden will, dem sind auch die duftenden Blüten verwehrt. Und wer im Leben resigniert, beendet die Suche nach dem echten Leben. Die Hoffnung lässt uns dagegen immer wieder aufstehen, von Neuem beginnen.

Unter den „Pflastern" liegt bekanntlich ja der Strand, unter den zerstörerischen Kräften der Seele liegt das freie und wahre Leben. Wie in vielen Märchen erzählt wird, müssen die Prüfungen und Begegnungen mit den Hexen und Drachen bestanden werden, damit der Prinz oder die Prinzessin gefunden werden kann.

Heute hat man gesellschaftlich gesehen oftmals den Eindruck, dass das Zerstörerische und Negative überhand-nimmt, dass es stärker ist als das Sinnvolle und Aufbauende. Jedoch, es wird sich unser Blick verändern, je mehr wir selbst dieses Aufbauende und Gesundende zu suchen beginnen. Und wir können damit sofort beginnen, müssen nicht erst warten auf „bessere" Zeiten.

Auf dem größten Misthaufen wachsen die schönsten Blumen, so sagt es der Volksmund, denn wo es viel Schatten gibt, da ist auch viel Licht. Nur den Blick auf und in das Licht- und Lebensvolle sollten wir nicht verlieren, dann können wir auch noch dem Schatten einiges abtrotzen, ihn erkennen, denn das Licht macht sichtbar und es vertreibt, wenn es stark genug geworden ist, die Schatten und damit die dunkle, die unbewusste und kranke Natur.

Ein neuer Morgen beginnt, eine erste Morgenröte einer neuen Welt ist in unseren Tagen schon sichtbar, auch wenn die Dunkelheiten der Nacht noch vielfach den klaren Blick verstellen. Eine neue Welt, eine neue Zeit bricht herein. Öffnen wir unsere Seelen dafür oder bleiben wir in den Dunkelheiten der Arroganz und der Eitelkeiten, des schönen Scheins und in den Anhaftungen, in den Sachzwängen und in den seelischen Verhärtungen stecken, das entscheidet letztlich über all unser Leben, für das wir immer nur selbst verantwortlich sind.

Wir haben die freie Wahl. Dass die heutige Welt voller Lügen und Manipulationen ist, damit ein paar Wenige daraus einen größtmöglichen Profit erwirtschaften können, dürfte inzwischen jedem halbwegs wachen Zeitgenossen klar geworden sein. Nur ist es manchmal immer noch recht schwer, zwischen der Wahrheit und einer Lüge unterscheiden zu können, weil die Lüge sich eben nicht immer als plumpe Lüge darstellt, sondern zumeist als eine Teilwahrheit.

Wahr wird etwas erst ganz, wenn man zu bestimmten Behauptungen verschiedene Standpunkte einnehmen kann und eine Sache von mehreren Gesichtspunkten betrachten lernt. Eine Krankheit kann zum Beispiel in einer medizinisch-leiblichen, in einer psychologischen, *in einer energetisch-vitalen, in einer sozialen und soziologischen, in einer biographisch-karmischen und in einer spirituell-religiösen Dimension und Disposition beschrieben und erklärt werden. Da noch einen Überblick zu behalten, ist jedoch eine hohe Kunst. Teilwahrheiten werden aber dem Ganzen nicht gerecht. Eine Heilung bedeutet eben eine Ganzwerdung.*

Behandelt man eine Krankheit nur mit einem naturwissenschaftlich-medizinischen Ansatz und Gesichtspunkt, also in einem materialistischen Geist, so wird man nicht heilen, sondern lediglich reparieren können, in dem man vor allem das Symptom bekämpft und dazu einen Ersatz erschafft, als Protese oder als Spritze, die an die Stelle einer vitalen Gesundheit, eines gesunden Immunsystems und damit einer gesunden Lebensweise treten. Gesundheit entsteht, wenn wir die biologischen, die energetischen, die biographischen, die seelischen und die geistig-spirituellen Seins- und Lebensbereiche wahrnehmen und erkennen und diese dann in einem ganzheitlichen Sinne auch umsetzen können.
Lügen und Teilwahrheiten führen nicht ins freie Land, persönlich nicht und auch nicht im Kollektiv. Nehmen wir daher den Ausspruch: „Die Wahrheit wird euch freimachen" ernst, denn alles andere macht uns abhängig und unfrei, zumindest auf längere Sicht gesehen. Und dies kann niemand wollen. Die Wahrheit zu ergründen, bedingt nun einen Erkenntnisweg, den wir in den folgenden Abschnitten weitergehen wollen.

Nimm mir die Sehnsucht –
gib mir das Glück!

Noch mal Glück gehabt, Glück im Unglück, das Glück des Tüchtigen, Hans im Glück - mannigfache Glücksgefühle der verschiedensten Art bereichern unser irdisches Leben: im Sport, in der Liebe, im Siegen, im Gewinn, in der Natur, im Spiel, im Konsum, als „Glückspilz" und dergleichen mehr. Das sind mehr oder weniger kurze oder längere Momente, die dem Leben eine Steigerung und ein Hoch bescheren, die aber niemals von Dauer sind, da sie sich zumeist an äußeren, an vergänglichen Dingen und Ereignissen festmachen.

In unseren Tagen wird ja vermehrt für eine rein biologische Handhabung des Glücks geworben. Durch Hormone und chemische Stoffe lassen sich bestimmte Hirnareale stimulieren, die dann „Glücks"-Botenstoffe freisetzen. Auch mit Drogen oder visuellen Reizen in den Cyber-Medien lässt sich ein künstliches Glück erzeugen.

Um solche „Methoden" soll es hier aber nicht gehen, denn dafür „bezahlen" wir einen recht hohen Preis. Daraus entstehende emotionale Glücksmomente sind nämlich nicht von Dauer und das „Loch", in das wir anschließend fallen, kann umso größer sein, denn sie sind rauschhafter Natur. Wer dem Glück hinterher rennen „muss", nimmt eben in Kauf, dass ihm nach den Glücksmomenten doch recht schnell die „Puste" wieder ausgeht.

Folglich streben wir auf dem Weg zum Glück meistens auf irgendwelche Spitzen zu, nach denen es anschließend wieder abwärts geht. So wie bei einem Bergsteiger, der nach Strapazen und Mühen auf dem Gipfel sein Ziel und damit sein Glück erreicht.

Ja, sich ein Ziel setzen und es dann erreichen können, macht glücklich. Diesem Ziel geht aber eine Sehnsucht und ein Wunsch voraus. Sehnsucht nach etwas zu haben, bedeutet letztlich, einen gewissen Mangel zu erleben, diesen zu erkennen und dann auch ausgleichen zu wollen.

Die Sehnsucht der Romantiker, der Troubadoure und Minnesänger nach der großen Liebe, die vielleicht niemals als Ganzes zu erfüllen ist, weist auf eine Stufe der Seelenentwicklung hin, in der sich der Mensch noch in einem Mangel, in einem „tiefen Tal" erlebt und er sich bewusst wird, dass die Spitze, dass das klare Licht und die weite Sicht noch sehr weit entfernt sind.

Gib mir das Glück! Heute strebt jeder irgendwie nach dem Glück. Man kann es oftmals sogar kaufen, zumindest das materielle Glück – ein neues Auto, Schmuck, ein Haus und noch vieles mehr. Nur hält ein so erworbenes Glück meistens nicht allzu lange an, doch ein materieller Wohlstand schenkt zumindest eine gewisse Grundstimmung der Sicherheit und der Sorg-

losigkeit und das ist ja auch nicht zu verachten. Jedoch kann man heutzutage feststellen, obwohl wir unsere Bestrebungen nach immer mehr Sicherheit, zum Beispiel in gesundheitlichen und materiellen Angelegenheiten ausrichten, dass die allgemeine Weltlage immer unsicherer wird. Wir leben eben in einer Welt der Dualitäten und wenn wir darin eine Seite zu stark forcieren, so muss die andere Seite automatisch dazukommen. Leider setzt man immer noch auf einen zu vermehrenden Wohlstand und auf vermeintliche Sicherheiten, die sogar mit Einschränkungen der persönlichen Freiheit verbunden sind, nur weil man gewissen Ängsten aus dem Weg gehen will und dies vor allem, weil ein Vertrauen in die eigenen seelischen Möglichkeiten, in die eigene Gesundheit und in die weise Führung des Weltenlaufes verloren ging.

Ja, wir wollen unsere persönlichen Wünsche gerne verwirklichen und dabei das Glück oftmals sogar noch erzwingen. Das Glück als ein Menschenrecht, so wie es in der amerikanischen Verfassung verankert ist oder in einem proklamierten Glücks-Index für das Volk in Buthan erscheint, wo der König sein Volk gerne glücklich machen will, kann dies ein Recht sein, das der Mensch eventuell sogar einklagen kann?

Im Buddhismus ist Glück das große Ziel, das es zu erreichen gilt, wobei dabei aber nicht unbedingt nur ein materielles Glück, also Wohlstand und Sicherheit, zu verstehen ist. Denn die Materie kann auch fesseln, abhängig machen und die Seele so stark an das Irdische binden, dass der Aufblick auf höhere Werte und Seins-Ebenen verloren geht.

So kann man neben dem Glück, das man sich selbst erfüllen kann, in dem man sich seine Wünsche erfüllt und eigene Ziele erreicht, eben auch noch andere Ebenen und Erfüllungen des Glücks finden und erkennen, so wie diese zum Beispiel in einer alten chinesischen Weisheit ausgesprochen werden: „Wenn du einen Abend glücklich sein willst, so betrinke dich; willst du eine Woche glücklich sein, so schlachte ein Schwein; willst du ein Jahr glücklich sein, so heirate; willst du ein Leben lang glücklich sein, so lege dir einen Garten an".

Die Chinesen waren schon immer rechte Pragmatiker. Was hier einsehbar wird, das ist die Sichtweise auf die unscheinbaren, auf die kleinen, aber lebensvollen Bereiche, wie ein Garten dies ist, die eben eine andere Art des Glücks herbeiführen können.

Sich an Kleinigkeiten erfreuen können - der Bescheidene ist ja mit allem zufrieden. In einer Einfachheit das Leben wahrnehmen und genießen, den Lauf des Lebens als ein Geschenk betrachten und sich vom Glück beschenken lassen, dazu braucht es eigentlich nicht viel. Nichts wollen, nichts erkämpfen, nicht dem Glück hinterher jagen, einfach sein, rein und zufrieden – dann können Glücksmomente und Glücksgefühle auftauchen, die wir geschenkt bekommen, das heißt, wie ein Geschenk erfühlen können. Das sind vor allem die Momente, wenn eine Berührung mit etwas Höherem, mit Naturwesen und Engeln geschieht - sie schenken uns ebenfalls ein Glück. Wer das Kleine und Unscheinbare, wer die Natur und das Leben liebt, den beschenken die Engel mit innerem Glück!

Solche Momente können längere Zeit nachwirken und sie können dem Leben eine Stärkung und Richtung angedeihen lassen. Dieses Glück kann uns nicht mehr genommen werden. Irdisches Glück ist ja meistens vergänglich, das himmlische Glück, das nicht mehr der Vergänglichkeit unterliegt, wo und wie ist es zu finden?

Oftmals wird dieses von den Religionen noch in ein Jenseits, in einen fernen Himmel verwiesen, den wir erst nach dem Tod, im Paradies erreichen, vor allem, wenn wir im Irdischen ein gottesfürchtiges Leben gelebt haben. Oder aber auf dem spirituellen Weg, da muss man sich meistens sehr lange schulen, bis man eine Erleuchtung oder eine Gotteinigung erfahren kann.

Nimm mir die Sehnsucht - gib mir das Glück. Das heißt doch auch, ich will nicht mehr länger warten auf einen fernen Himmel, ich will das Glück und damit den Himmel auch schon hier – in mir! So gilt es konsequenterweise auch, die Erde und den Himmel beziehungsweise den Leib und den göttlichen Geist zusammen zu bringen, denn der Himmel ist ja auch in uns *und damit auch das Glück. Nur sind wir uns dessen oftmals sehr wenig bewusst.*

Nun gibt es im Leben Menschen, denen das Glück scheinbar zufällt, während andere das Pech geradezu anziehen. Da liegt zumeist eine karmische Ursache zugrunde, das heißt, da hat jemand schon vorgearbeitet, der andere hat dagegen im Irdischen noch einiges auszugleichen. Doch der Pechvogel, der kein Glück hat, muss deswegen nicht unglücklich sein. Glück haben und glücklich sein, muss nicht unbedingt das Gleiche sein, denn diese Erscheinungen deuten im Endeffekt auf ein äußeres und ein inneres Glück hin. Das innere Glück kann eben unabhängig von einem mehr äußerlichen Glück gefunden werden.

Eine Steigerung des inneren Glückserleben ist die Glückseligkeit. Sie verweist schließlich in religiöse und spirituelle Sphären hinein. Gar nicht wenige Menschen kennen womöglich ein Gefühl der Glückseligkeit beziehungsweise eine Seligkeit, wenn man zum Beispiel irgendwo entspannt, ausgeruht oder müde ist, wenn man also seine „Seele baumeln lässt" und dabei den Wolken zuschaut, den Sternenhimmel betrachtet, sich in Naturereignisse, in das Blühen und Wachsen, in Sonnen-Aufgänge und -Untergänge seelisch so vertieft, sich dahinein sogar verliert, dass dann manchmal die Grenzen verschwimmen, ich nicht mehr hier noch da bin und dadurch eine Art von All-Verbundenheit erleben kann. Man fühlt sich getragen vom All – von Allem. Ein Hauch von Seligkeit umschwebte uns.

Die Seligpreisungen in der Bibel weisen in diesem Sinne auf höhere Zustände eines inneren Seins hin, die aber erst errungen werden müssen, das heißt, es werden bestimmte Erfordernisse notwendig beziehungsweise Bedingungen gestellt.

„Selig sind, die ein reines Herz haben, sie werden darin Gott schauen"

oder: „Selig sind die Armen im Geiste (beziehungsweise die Bettler um Geist), sie werden das Reich Gottes in sich finden"

oder: „Selig, die jetzt hungrig sind (nach dem Sein des Guten), sie werden Sättigung finden".

Wie zarte Winke einer himmlischen Welt sind die vielfältigen Glücksmomente, die wir manchmal im Leben geschenkt bekommen. Jedoch, wer sich dauerhaft mit dem Himmlischen verbinden will, der muss schon den himmlischen Werten entsprechen. Das heißt mit anderen Worten, er muss selbst in seinem Inneren himmlisch werden. Und das ist vor allem eine Frage der Reinheit, der Tugendhaftigkeit und der Moral.

Natürlich ist in diesen Seligpreisungen auch ein Trost enthalten, denn wenn wir um der Gerechtigkeit willen oder wegen der Nachfolge beziehungsweise wegen einem spirituellen Weg Entbehrungen, Verleumdungen und Beschränkungen im Irdischen erleiden müssen, so wird es einen Ausgleich in den inneren Welten geben, der aber nicht erst im Jenseits erfolgen muss, denn die Welt Gottes ist auch schon jetzt inwendig in uns.

In den Seligpreisungen soll man sich ja vor allem innerlich wandeln können, da muss man innerlich etwas tun, denn da gibt es ein Ziel: das reine und kindliche Herz. Dieses strebt der Narr an. Dies ist der Weg des „heiligen Narren".

Bei aller Tolpatschigkeit und Dummheit, die die Narren manchmal zeigen, als Clown, als lustiger und bisweilen verrückter Vogel, als Witzbold, als ewig lieben wollender Romantiker und Troubadour, als Gaukler und Kabarettist, der den Bürgern einen Spiegel vorhält, damit sie über sich selbst lachen können oder auch als Ausgestoßene, als Gefangene und Gefolterte um der Gerechtigkeit willen, die trotz vielfacher Pein ihre inneren Werte nicht verraten, dieser „Narren" gibt es viele. Doch in einem sind sie gleich.

Sie bewahren ein reines Herz, sie bleiben sich treu in ihrem inneren Sein, sie verkaufen sich nicht, sie passen sich nicht dem „Mainstream" aus Angst, Heuchelei und schönem Schein, aus Amüsement, egoistischer Willkür und persönlichem Vorteil an - sie verbiegen sich nicht.

Wie das Lächeln eines kleinen Kindes voller Glück erstrahlt, wenn es die Mutter erblickt, so rein, so bedürftig und so frei darf der „Narr" sich dem Göttlichen, dem inneren Leben des Herzens zuwenden. Er dient dem Höchsten und nur diesem, er empfängt das

Lächeln und Lachen des Himmels und das ist ihm mehr als alles Gelächter der Welt. Er dient nicht den Herren der Welt, denn er hat sich ganz dem Himmel verschrieben. Ihm dient er allein. Im Dienen das Glück!

Wohin ihn der Himmel schickt, das ist dem heiligen Narren gleich und individuell im irdischen Leben natürlich sehr verschieden. Doch ohne die Himmelskräfte, ohne Humor, Weisheit und Liebe, wird es keinen guten Narren geben, geschweige denn einen „heiligen". Nur noch die vielen Narren und Toren, die sich im allzu Irdischen verlieren – im Genuss, im Ruhm, in der Macht und im Besitz. Das sind die kranken Narren, an denen die Welt so leiden muss.

In der Liebe zum Leben, zu den feinen und kleinen Dingen des täglichen Seins, wächst der Taugenichts allmählich über sich selbst hinaus – hinein in eine Welt voller Schönheit, Liebe, Wahrheit, Güte und Gnade, die wir aber erst erfahren können, wenn der „dunkle Bruder", wenn der Schatten, der den höheren Menschen verhüllt, erkannt, angenommen und gewandelt worden ist.

Somit ist der Weg des Narren kein einfacher und auch keiner, der so schnell zu Ende ist.

In diesem Sinne können wir in unseren Betrachtungen mit weiteren Erkenntnissen und „Meilensteinen" fortfahren, wohin aber nur die „Narren" gelangen können, die sich dem heiligen Leben hingeben wollen.

Zum Stein der Weisen

Was ist der Stein der Weisen, was haben die Weisen für einen Stein? Im Mittelalter, zum Beispiel bei den Alchemisten, war dies ein großes Geheimnis. Viele Spekulationen gab es und gibt es noch immer um diesen geheimnisvollen Stein. Manche meinten damit, das Gold-machen-können oder einen Diamanten herstellen zu können, andere meinten ein bestimmtes Elixier, mit dem man alle Krankheiten heilen kann. Wieder andere verglichen den Stein der Weisen mit der Prima Materia, mit der ursprünglichen, der lebendigen Materie, die allem Irdischen zugrunde liegt. Das kann dann auch das „leuchtende Energiefeld" sein, das hinter und in aller Materie und allem Geschaffenen wirkt. Ja, vielleicht kann er all dies zumindest als eine Art Metapher darstellen. Letztlich muss er aber im Menschen selbst entdeckt werden, bevor er auch in der äußeren Welt gefunden werden kann.

Was ist der Mensch? Da gilt es natürlich, wenn man ihn erkunden und erforschen will, sehr viele Aspekte zu betrachten. Hier soll nun zuerst einmal von einem ganz Ursprünglichen und Biologischen ausgegangen werden, das wir alle kennen: nämlich vom Mann, von der Frau und dem Kind.

Konservative Kreise wollen den Menschen quasi auf dieses Urbild festnageln. Alles Andere ist dann

„abartig", was vor allem das geschlechtliche Leben betrifft, wie die Homosexualität und ähnliches. Doch dieses Urbild hinkt, wenn man es für alle Zeiten festschreiben will. Denn ursprünglich war der Mensch ein Hermaphrodit, ein Zwitterwesen und dies bevor die sogenannte Geschlechtertrennung stattgefunden hat. In einem kosmisch-geistigen Sein, im Ursprung der Schöpfung gab es noch keine Polarisierung und Trennung, das sollten wir nicht vergessen. Und so wird die Zukunft auch wieder eine Vereinigung der Geschlechter herbeiführen, wenn wir in ferner Zeit wieder in eine Einheit mit dem Göttlichen zurückkehren werden.

So kann schon in unseren Tagen immer mehr beobachtet werden, wie sich die festen Geschlechterrollen allmählich immer stärker auflösen. Eindeutige Zuordnungen, so soll der Mann, so soll die Frau sein, verlieren ihren Wert beziehungsweise ihr kulturell bedingtes Klischee, auch wenn viele Zeitgenossen noch gerne dieses alte Rollenbild bewahren wollen.
Wann ist der Mann ein Mann? Die Dominanz des nur „Männlichen" bringt für die Zukunft nicht mehr viel Gutes hervor, das können wir überall beobachten, wenn wir das Treiben der „Herrscher" und Machos bedenken, auf welchem Gebiet auch immer.
Folglich geht es heute hauptsächlich um einen inneren Geschlechterwandel, denn jeder Mensch kann das Männliche, das Weibliche und das Kindliche in sich wahrnehmen und in ein ausgeglichenes Verhältnis

bringen. Dann sind wir im Seelischen nämlich erst ganz. Einseitige Dominanzen im Seelischen zeigen immer auch einseitige Verhaltensweisen und damit mit der Zeit auch unausgeglichene Wirkungen in der äußeren Welt. Wenn zum Beispiel das männlich dominierende Prinzip einseitig überwiegt, kann nur Streit, Durchsetzung, Dirigismus und Kampf die Folge sein. Also gilt es zuvorderst, dass wir uns nicht nur mit einem Attribut des Menschseins, also mit einer bestimmten Geschlechterrolle identifizieren, denn das schafft zumeist nur ein männliches Macho-Gehabe oder einseitige weibliche Auswüchse, die auch nicht gerade förderlich sind. Das Weibliche klammert sich ja gerne an Besitz und Sicherheit, unterliegt also leichter der Habsucht und der Eitelkeit, während das Männliche stärker der Ruhm- und Machtsucht ausgesetzt ist.

Eine nähere Ausarbeitung der weiblich-männlichen Archetypen kann hier aber nicht erfolgen. Diese wurde in früheren Schriften, zum Beispiel in: Spirituelle Partnerschaften im Lichte der Sternenweisheit – oder in: Partnerschaften im Lichte eines spirituellen Chritentums, und anderen ausführlicher behandelt. Zudem werde ich im letzten Kapitel dieser Schrift noch einige Gedanken dazu anführen.

Auch das Kindliche sollte nicht überwiegen, denn ohne ein echtes Erwachsenwerden bleibt der Mensch unselbstständig und abhängig. In unserem Inneren, in unserem Herzen sollte das Kindlich-Reine jedoch zeitlebens bewahrt werden.

Erst wenn der Mensch in sich ganz, ausgeglichen und heil geworden ist, kann er sich in einer ganzheitlichen Weise einem Höheren zuneigen beziehungsweise sich mit diesem vereinigen und dies vor allem auf seelischem Gebiet über die drei genannten Attribute des Männlichen, des Weiblichen und des Kindlichen.

Der innere Mann muss vor allem wollen – er geht den Weg zum Geist aus freier Willenskraft; die innere Frau, das Weibliche empfängt und im inneren Kind, im Kindlichen, im reinen Herzen offenbart sich das Göttliche, dort wird es geboren.

Der Stein der Weisen verbindet letztlich Mensch und Gott, also den seelisch ganzen Menschen mit dem Göttlichen des weiten Alls. Warum ist diese Verbindung aber als ein Stein ausgedrückt?

Im Kosmos ist der Stein, zum Beispiel der Edelstein, ein Ausdruck des höchsten Geistigen. Der Weise vom Stein, der den groben Stein, der seinen Leib „behaut" und mit der Zeit auch umgewandelt und veredelt hat, er geht über die astrale, also über die tierische Welt hinaus, zuerst zu den nächst höheren geistigen Welten, zu den Pflanzen-Devas in der Sonnensphäre bis schließlich zu den höchsten geistigen Welten, bis zu den Tierkreiswelten, aus denen die Kräfte der Edelsteine entstammen und empfängt dort die Urkräfte des kosmischen Seins. Das heißt mit anderen Worten, wer den Stein der Weisen errungen hat, der ist ein Bürger höchster geistiger Sphären geworden. Er empfängt Inspirationen und Intuitionen daraus.

Manchmal wird der Stein der Weisen auch als ein Diamant beschrieben, denn der Diamant ist ein Sinnbild für den gereinigten und verwandelten Kohlenstoff, aus dem er besteht. In ihm wird eine höchste Geistigkeit offenbar.

Kohlenstoff als Kohle oder als Graphit ist noch recht irdisch, der Diamant trägt dagegen lichthafte, reine und klare Züge in sich. Physiologisch betrachtet bildet der Kohlenstoff die organische Grundlage für die Ich-Tätigkeit im Menschen, so wie der Sauerstoff für den Ätherleib und der Stickstoff für den Astralleib notwendig ist, damit diese im physischen Leib überhaupt einen Halt finden können.

Die Metamorphose von der amorphen Kohle über den Graphit zum Diamanten zeigt in analoger Weise den Entwicklungsweg des niederen menschlichen Ichs zum Sonnen-Ich des „Ich bin" bis hin zum wahren, zum göttlichen Ich, das wie ein Diamant im Herzen zu leuchten beginnen kann.

Im Kosmos, also im Makrokosmischen, zeigt der Stein der Weisen die Verbindung vom Mondenhaften und damit den seelisch-weiblichen Archetypen mit den Sonnenkräften und damit mit den geistig männlichen Archetypen. Die Erde ist darin das kosmische „Kind" beziehungsweise kann und soll sich dieses Kindliche in *analoger Weise im Menschen erst richtig im Erdensein entwickeln. Dieses Kindliche gilt es daher zu hüten und zu pflegen.*

Die Erde soll in ferner Zukunft einmal wie eine Sonne zu leuchten beginnen. Einem klaren Diamanten gleich soll der grobe Stoff, soll die Materie so mit Geist durchdrungen werden, dass sie aus sich selbst heraus zu leuchten beginnen kann.

Sonne, Mond und Erde, sie beschreiben schließlich den Weg der menschlichen Seele und des menschlichen Geistes hin zum höheren Ich in einem kosmisch-irdischen Sein.

Die Erde und damit auch das kosmische Kind, es wird jedoch immer stärker angegriffen, der apokalyptische Drache will das Kind, das Geisteskind, unser höheres Ich verschlingen. Unser Heimatplanet, die Erde, auf dem sich eben auch der höhere Mensch entwickeln kann und soll, er ist in großer Gefahr. Das bestreitet heute wohl niemand mehr. Wir sind als Menschen, die sich zum Geist, zum höheren Wesen in sich selbst, hinentwickeln wollen, ganz mit der Erde verbunden. Doch wie gehen wir mit dem Kindlichen und dementsprechend mit dem kosmischen Kind, mit der Erde eigentlich um?

Krieg, Ausbeutung und Schändung der Erde stehen vielerorts auf der Tagesordnung. Ist dies schon alles, was wir hinbekommen? Hat der Mensch nicht eine andere, viel wichtigere Aufgabe? Warum lässt er sich von dem großen Drachen so vereinnahmen, dass er sein geistiges Kind, dass er sein inneres Wesen beziehungsweise dann auch seine Lebensgrundlage, die Erde zerstört?

Nur um des Geldes und um der Macht willen Krieg zu führen – wie töricht, welche Taugenichtse sind da immer noch am Werk? Die „großen Macher", die alles kaputt machen, die Machos, die ihr eigenes, ihr inneres Kind verleugnen, die aber auch eine gesunde Weiblichkeit unterdrücken, wie lange wollen sie noch die „Herren" sein?

Das Weibliche, es hat noch eher ein Gefühl für die natürliche Schönheit und das Lebensvolle, für das Lebendige und Kindliche, das sie in sich austragen und gebären kann. Das heutige Männliche, es wird dem himmlischen Schöpfer, dem väterlichen Gott bei weitem nicht gerecht. Im Eigenstolz, im Macho-Gehabe und Konkurrenzdenken ist es selbst gefangen. Zumeist heißt noch immer die Devise: Tod, Zerstörung und Wandlung durch das Männliche – doch sollte es vielleicht nicht besser heißen: Tod und Wandlung des Männlichen?!

Ja, das Männliche, das Eigensüchtige, das Stolze und Herrische muss sich opfern können, damit ein Höheres in ihm zu wirken beginnen kann. Das ist natürlich nicht so leicht für den Mann, der im Kampf, im Krieg und im Sieg seine Stärke und sein Selbstbewusstsein finden und erschaffen kann.

Leider muss man heute wieder feststellen, dass dieser Männlichkeitswahn vermehrt zutage tritt. Im Politischen, im Religiösen, wie auch im Nationalistischen zählt vor allem das Vaterland, zählen Macht und Patriotismus, Stärke und Ruhm. Ach, wie sehe wohl ein Mutterland oder gar ein Kinderland aus?

Der Krieg ist der Vater aller Dinge, so wird gesagt; der Friede ist die Mutter aller Wesen und das freie, das schöpferische Spiel ist das Kind alles Neuen!

Natürlich braucht es manchmal auch gewisse „Zerstörungskräfte" beziehungsweise solche Kräfte, die eine Veränderung herbeiführen können, damit dadurch ein Freiraum geschaffen wird für einen Neuanfang, weil es in der Evolution eben keinen Stillstand geben darf. Selbst in der Evolutionstheorie spricht man heute von einer Selbst-Transzendierung, damit eine Weiter- oder Höher-Entwicklung geschehen kann. Nur sollten wir diese Kräfte nicht mehr triebhaft, leidenschaftlich und abrupt einsetzen, sondern ichhaft und bewusst, damit sie zu einer gesunden Weiterentwicklung für das Ganze und dies mit einem selbstgesetzten und einem humanistischen Ziel hinführen können. Somit braucht der Mensch ein hehres Ziel, zu dem er hinstreben kann.

Daraus ergibt sich, dass das Hohe, das Gesamte, das Ganze immer größer ist als das Einzelne und dann auch als die Summe der einzelnen Bestandteile. Eine Zelle ist größer als eine Vielzahl von Molekülen, ein

Organ ist größer als die Summe der darin enthaltenen Zellen und ein Lebewesen ist größer als alle darin enthaltenen Organe. Daher kann man auch feststellen, dass das Gesamte, zum Beispiel ein Bienenvolk, also der sogenannte Bien, größer ist als die Summe der einzelnen Bienen.

Die naturwissenschaftliche Evolutionslehre erklärt die Welt zumeist noch vom Kleinen aus und geht langsam zum Gesamten hinauf. Die Involution geht jedoch vom Gesamten, vom Ganzen aus und verfolgt das Absteigen in eine fortschreitende Differenzierung. Beide Wege haben ihre Berechtigung. Dieser Zusammenhang kann auch als eine Analogie gesehen werden für einen geistigen Weg innerhalb der menschlichen Entwicklung.

Der spirituelle Weg geht vom einzelnen Menschen aus und versucht die Wege zum Ganzen, zum All, zu den Weiten des geistigen Kosmos zu finden, bis er darin ganz eingehen kann. Diesen Weg ist zum Beispiel der Gauthama Buddha bis zur Vollendung gegangen, bis ins Nirvana, bis in die kosmische Einheit hinein.

Der religiöse Weg geht mehr vom Himmel, vom Ganzen aus. Göttliche Wesen senken sich herab und verhelfen dem Menschen zu einem neuen Sein. Darin zeigt sich der Weg eines Avatars, zum Beispiel des Christus, des Gottes, der Mensch geworden ist. Dadurch kann von da an jeder Mensch selbst vergöttlicht werden, vor allem, wenn er die Stufen findet, die ihn erneut mit dem Himmel verbinden, denn diese hat der Christus

Jesus in seinem biographisch-idischen Leben vorgelebt. Somit ergänzen sich schließlich beide Wege, der Weg des Buddha und der des Avatar Christus und damit auch der Weg von unten, vom Menschen, der zum Himmel strebt und der Weg von oben, der vom Himmel ausgeht und uns mit göttlicher Gnade beschenken will.

Eine Heilung des Einzelnen kann aber nur aus dem Gesamten beziehungsweise aus dem Höheren erfolgen. Heilung bedeutet schließlich eine Ganzwerdung, man muss viele einzelne Komponenten, Archetypen und Seinsbereiche integrieren können, damit eine Ganzheit entstehen kann. Schneidet man einzelne Teile vom Gesamten weg, kann niemals eine Heilung die Folge sein. Es bleibt nur bei einer Reparatur. Haben wir zum Beispiel materielle oder körperliche Probleme, muss die Heilung auf der vital-energetischen Ebene erfolgen; ist der vitale und funktionelle Bereich gestört, muss die Gesundung auf der emotional-seelischen Ebene erfolgen. Jedoch, die physiologische und die vitale Ebene kann auch durch Kräfte von Außen krank werden, zum Beispiel durch elektromagnetische Strahlung, durch Erdstrahlen, Umweltgifte, Wasseradern und vielem mehr. Haben wir vor allem emotionale Probleme, muss die Heilung durch die geistige Ebene erfolgen.

Mit anderen Worten: Ist eine Zelle krank, entartet, muss das Organ behandelt werden, ist ein Organ erkrankt, muss der ganze Mensch behandelt werden. Denn das Gesamte, das Ganze ist größer als das oder der Einzelne.

Ist ein Mensch erkrankt, muss seine Umgebung, muss die soziale Gemeinschaft, in der er lebt, einbezogen und zur Gesundung geführt werden. Darbt ein Volk irgendwo in der Welt vor sich hin, muss ein größerer Zusammenhang in Augenschein genommen werden, zum Beispiel die Verträge und Beziehungen zu einer größeren Einheit, also zu den Staaten-Unionen, mit denen der schwache Staat in einer Beziehung steht. Ist zum Beispiel in der Europäischen Union ein Staat schwach, muss die ganze Einheit neu ausgerichtet werden, damit diese für alle Staaten zu einer Gesundung beitragen kann. Ist die Menschheit als Ganzes auf Abwege geraten, wie heute durch einen zunehmenden Materialismus und Egoismus, so muss der Geist des Menschlichen, des Humanen und Menschheitlichen gesucht werden. Dieser Geist ist mehr als der Einzelne, ist mehr als das Volk, ist mehr als die Weltgemeinschaft und er ist auch mehr als Mann, Frau und Kind.

Das Allgemein-Menschliche, der Menschheitsgeist umfasst alle menschlichen Ausdrucksweisen. Diesem Geist kann und sollte sich der Mensch nähern wollen. Dieser Geist hat sich zur Zeitenwende in einem Menschen inkarniert. Dieser Geist kann uns also helfen, Mensch im wahrsten Sinne des Wortes zu werden.

Der neue Mensch ist das Ergebnis aus der Verbindung des Himmels, des Kosmos, also dem Geist des Ganzen, der alle Individuen in sich trägt und enthält und damit auch mit dem väterlichen Gottesgrund, der die Erde annimmt und erlöst. Darin zeigt sich die Verbindung mit dem Geist, der das Getrennte, der die Einzelnen zusammenführt und dann auch mit der mütterlichen Gottheit, die im Erdensein für das Stoffliche, die für die Materie, die für den Leib sowie für die Gestaltung und Belebung der irdischen Welt verantwortlich ist. Der neue Mensch ist das gezeugte Kind dieser beiden Kräfte. Vater Himmel und Mutter Erde sind vereint im neuen Menschen, in der „Kindheitsfrucht".

Der Mensch vereint Männliches, Weibliches und Kindliches in sich. Der neue Mensch ist aber größer als Mann, Frau und Kind. Über das Kindliche, über das Spielerische, über die „Narretei" finden wir diesen „großen Menschen". Er ist symbolisiert im Stein der Weisen. Der Weise hat den inneren Stein, den lebendigen Stein, den behauenen und geschliffenen Stein, also den verwandelten, den veredelten Menschen, bestehend aus Leib, Seele und Geist und damit den großen, den ganzen Menschen, der Himmel und Erde in sich trägt, in sich selbst gefunden.

Vom Weg des heiligen Narren - Bewusstseins- und Erkenntnisfragen

In manchen esoterischen Kreisen wird als ein hohes Ziel eines spirituellen Weges oftmals ein reines, ein göttliches beziehungsweise ein kosmisches Bewusstsein angeführt. Und dieses Bewusstsein sei eigentlich überall, so sagt man, denn es wäre schließlich auch in unserem Tages-Bewusstsein vorhanden. Man müsste nur von diesem aus aufsteigen in das hohe, in das transzendente Bewusstsein und dies, in dem wir unser normales Gegenstands-Bewusstsein weiten und erhöhen, um es mit allem, was ist und was jemals war und zukünftig einmal sein wird, in eine Verbindung und in eine Resonanz bringen zu können.

Doch was ist überhaupt Bewusstsein, haben wir es oder sind wir es? Geht es tatsächlich so leicht, dass wir uns aus dem Gegenstands-Bewusstsein quasi ausklinken, um in ein All-Bewusstsein kommen zu können oder ist dies nur ein Trip für Narren, die der Erdenwelt schnellstmöglich entfliehen wollen?

Sicher ist, es gibt verschiedene Formen des Bewusstseins, zunächst unser bekanntes Tages-, Gegenstands- und Oberflächen-Bewusstsein, das entsteht, wenn wir unsere Aufmerksamkeit in die Sinnes-Eindrücke einbringen. Also sind unsere Wahrnehmungs-Organe, das Sehen, Hören, Riechen, Tasten und Schmecken eine

Voraussetzung für das Bewusstsein, jedoch ohne eine Aufmerksamkeit, ohne eine Wachheit und ohne einen Willen, Bestimmtes erleben und erkennen zu wollen, können zum Beispiel viele Geräusche, Stimmen und Ton-Eindrücke in unser Ohr gelangen, die aber nicht ins Bewusstsein treten, weil wir ihnen keine Aufmerksamkeit schenken.

Zudem kann Folgendes festgestellt werden. Hätten wir nur ein rein sinnliches Erleben, ohne dass wir uns ein Bild, eine Vorstellung oder einen Gedanken davon machen könnten, würden wir von Erleben zu Erleben, von Eindruck zu Eindruck huschen, ohne ein wirkliches Bewusstsein davon zu erhalten. Dieses entsteht erst, wenn wir das Erlebte im Geiste erfassen und in unsere Erinnerung, in unser Gedächtnis aufnehmen. Und dies ist ein Prozess, bei dem wir von dem sinnlich Erlebten einen inneren Abdruck, also einen eigenen Entwurf erschaffen. Unser Bewusstsein reicht schließlich auch nur so weit, wie wir eine Erinnerung haben. Eine Kontinuität des Bewusstseins ist also abhängig von unserem Erinnerungsvermögen. Im Schlaf haben wir, außer in Träumen, kein Bewusstsein. Am Morgen können wir Kraft der Erinnerung aber wieder an den vorigen Tag und an unser Selbsterleben anschließen. Das Selbst-Bewusstsein des Menschen generiert sich folglich aus der Betrachtung des eigenen vergangenen Lebens, weil wir das Erlebte als einen „Abdruck" im Gedächtnis aufbewahren und durch die Erinnerung

*wieder ins Bewusstsein holen können. Aber damit ist
die Bewusstseins-Bildung noch nicht erschöpft.*

*Wir können zum Beispiel einen Menschen wahrnehmen
nach Aussehen, Bewegung, Stimme und Ausstrahlung,
dann haben wir ein äußeres, momentanes, bildhaftes
Bewusstsein von ihm. Zeigen wir ein Interesse für sein
Leben, für seine Vergangenheit, für seine Wünsche
und Ziele, erweitert sich das Bewusstsein für diesen
Menschen, je mehr ich von ihm weiß, von ihm erfahre.*

*Entscheidend für eine Bewusstseins-Erweiterung ist
es demzufolge, dass wir Fragen haben und stellen,
dass wir ein Interesse, auch eine Neugierde zeigen und
Dazu-lernen wollen, dass wir also größere und tiefere
Erlebnis- und Bewusstseins-Inhalte aufnehmen wollen.*

*Wie sieht nun im Verhältnis zu diesem Wach-Be-
wusstsein unser Traum-Bewusstsein aus, bei dem die
Sinnes-Prozesse nicht so stark beteiligt sind?*

*Wir träumen ja auch in Bildern, die wir vom Tages-
Bewusstsein her kennen, also mit inneren Traumvor-
stellungen, die wir aber nicht durch einen Willen wie
bei der Erinnerung hervorrufen, sondern von denen
wir eher überschwemmt werden. Die Seele zeigt sich
teilweise selbst in diesen Bildern, oftmals entlädt sie in
den Traumbildern bestimmte Eindrücke und Gefühle,
die sie in den Träumen loswerden will oder sie kleidet
äußere Geräusche wie auch leibliche Begebenheiten in
Traumsequenzen hinein. So können Triebe und Leidenschaften, Ängste und Sehnsüchte, die in der Seele*

rumoren, sich in den Träumen eine Art Ventil verschaffen. Manchmal enthalten Träume aber auch eine höhere Botschaft, die uns aus den Reichen der geistigen Welt zugesendet werden.

Damit lässt sich zunächst einmal konstatieren, dass Bewusstseins-Inhalte auf ganz verschiedenen Ebenen zustande kommen können.

Wenn es dann um ein höheres Bewusstsein gehen soll, brauchen wir dafür auch die entsprechenden Wahrnehmungsorgane, aber auch die Neigung, den Willen und die Aufmerksamkeit, vielleicht auch eine Art Erinnerungs-Fähigkeit und eine Wachheit für diese höheren Welten. Denn in unserem Alltags-Bewusstsein bleiben wir zunächst in den Bereichen begrenzt, die uns die Sinnes-Organe liefern.

Neue Wahrnehmungsfelder werden heute aber auch durch technische Geräte, wie dem Mikroskop, den Röntgen-Apparaten und anderen bildgebenden Verfahren geschaffen, um damit das sinnliche Schauen erweitern zu können. Damit wird die Aufmerksamkeit auf Bereiche ausgedehnt, die im normalen „Oberflächen-Bewusstsein" nicht zu finden sind, weil wir dafür keine biologischen Sinne besitzen.

Demzufolge können wir nicht nur ein transzendentes „Höhen"-Bewusstsein ausbilden, sondern auch ein „Tiefen"-Bewusstsein, das ohne eine sinnliche Wahrnehmung, allein aus Berechnungen physikalischer und mathematischer Größen entstehen kann. Wir bilden zum Beispiel ein Bewusstsein für physikalische Energien, für die Lichtgeschwindigkeit, für die Elektrizität, für die Erdanziehung und die Schwerkraft, für die Radioaktivität, für den Magnetismus und dergleichen mehr, obwohl wir keine direkte sinnliche Wahrnehmung davon haben.

Ein Innen-Bewusstsein kann sich zudem herausbilden, wenn wir in unserem Selbst-Erleben, in Gefühlen und Gedanken ein Bewusstsein für dieses Innenleben, bis hin zu einem Körper-Bewusstsein erlangen können.

Ein Innen-Bewusstsein kann das eigene Seelische und das Leibliche erforschen, vor allem durch die Wahrnehmung innerer Kräfte, wie gewissen körperlichen Empfindungen, als auch den Begierden, den Trieben, den Instinkten, den Emotionen, den Wünschen und Sehnsüchten, den Launen und Leidenschaften, aber auch den Idealen, den eigenen Motiven und den moralischen Qualitäten, die wir in uns selbst ausbilden können. Mit den feineren seelischen und moralischen Fähigkeiten berühren wir schon eine höhere Welt, die über das eigentlich seelische Leben hinausführen kann. Doch für diese höheren Sphären in uns haben wir normalerweise kein so ausgeprägtes Bewusstsein, da der Mensch unserer Tage bewusstseinsmäßig vor allem in seinem Leibe und in seiner Seele zuhause ist. In geistige Sphären aufsteigen zu können, gelingt erst, wenn wir an einer Wandlung und Veredelung der leiblich-seelischen Kräfte arbeiten, wenn wir also die *niederen seelischen Beweggründe und Anhaftungen läutern, damit wir würdig werden für die reinen und höheren Sphären des Seins, auf die der Mensch aber einen natürlichen Anspruch hat, weil er diesen Welten mit seinem inneren Kern und Wesen, mit seinem höheren Ich entstammt.*

Wir dürfen daher unsere Gefühle und Neigungen aufbereiten für das Wahre, das Schöne und das Gute, für hehre Ideen und Ideale und damit auch für erweiterte Begriffe im Denken oder für selbstgesetzte, neue Willens-Impulse, zum Beispiel für einen Willen zur Wandlung des Begehrens, somit für einen Entschluss im Willen, der zu diesem Reinen und Hohen hinführen möchte. Die Mittel dazu liefern die Andacht, die Demut, die Hingabe und die Meditation, also das innere Gewahr-Werden und sich Verbinden, wie auch das innere Gespräch, das Gebet mit und zu diesen höheren Welten.

Dies ist ein Innen-Weg, ein Weg der bewussten Erweiterung unserer seelischen Fähigkeiten. Wir erringen so mit der Zeit ein Bewusstsein, vielleicht zuerst eine Ahnung, ein Gefühl, einen Kräftezufluss aus diesen Welten, die jedoch an neuen, an inneren Organen, an Seelen- und Geistesaugen arbeiten, mit denen wir diese Sphären dann auch einmal wahrnehmen, damit wir davon tatsächlich ein erweitertes Bewusstsein erlangen können.

Ob dies nun kosmisches Bewusstsein oder sonst wie

genannt wird, ist nicht entscheidend. Wichtig ist, dass wir erkennen, dass wir die Möglichkeit haben, ein erweitertes Bewusstsein von Sphären und Welten erringen zu können, die in uns hineinragen, die aber auch weit über uns hinausragen. Mit diesem erhöhten Bewusstsein wird der Mensch fähig, noch viel größere Bereiche seines Menschseins erfassen zu können, für die wir heute zumeist noch „blind“ und unwissend sind.

Aber nicht nur die Innenwelten können zu einem erweiterten Bewusstsein hinführen, auch die Außenwelt, die Pflanzen- und die Tierwelt, der Jahreslauf und der Lauf der Sterne und Planeten bieten ein weites Feld, da wir nicht nur in der Wahrnehmung des Seienden, des Gewordenen stecken bleiben müssen. Durch eine meditative Wahrnehmungs-Schulung kann im Geschaffenen, kann in der Schöpfung die treibende Kraft darin, die Werde-Kraft in allem erforscht und erkannt werden und damit auch die Kräfte des Vergehens und des Neu-Werdens. Können wir die wirkenden Kräfte des Wachsens und Welkens wahrnehmen und erspüren, zum Beispiel durch eine Verfeinerung der Sinne oder dem Erwecken neuer Wahrnehmungs-Organe, eben durch eine Bewusstseins- und Wahrnehmungs-Schulung, so erschließt uns die Außenwelt die gleichen „übersinnlichen Kräfte“, die auch im Menschen, in dessen Lebenssphäre wirken.

Nun kann natürlich jemand sehr leicht behaupten, das

sei theoretisch ja alles sehr schön, doch ich sehe leider nur das, was „ich" schon immer gesehen habe und nicht mehr. Dieses ist real, das andere ist für mich noch nicht wirklich, da ich es nicht wahrnehme. So bleibt uns nur zu „glauben" oder besser noch, dieses „Übersinnliche" und dessen Gesetze zuerst einmal als eine Möglichkeit einer unvoreingenommenen Betrachtungsweise zu denken, um zu sehen, was solch eine Denkart mit uns macht. Schließlich ist es am allerbesten, selbst die übersinnlichen Wahrnehmungsorgane auszubilden, mit denen wir eben selber zu Schauenden werden.

Wie bilden sich aber diese neuen Organe aus, damit wir zu Schauenden werden können und nicht nur glauben oder denken können, was uns manche Schauende berichten?

Eine Vorbedingung dafür ist die Schulung des Seelischen, also einer Empfindungsfähigkeit für das Feine, für das Lebendige und Höhere, für die wirkenden Kräfte des Lebendigen, des Seelischen und des Geistigen und zwar durch eine Achtsamkeit und Aufmerksamkeit und vor allem durch ein Interesse und einer Zuneigung zu diesen Kräften. Und in dem wir in einen Dialog treten, Fragen stellen, in dem wir Zuwendung und Hingabe, Ehrfurcht, Wachheit und Liebe entwickeln für die wirkenden, für die schöpferischen Sphären des Seins. Denn die Liebe macht sehend. Weder eine Sympathie, also ein seelisches Hoch, noch eine Antipathie, ein Zweifeln und Spotten, allein eine Empathie, ein objektives Einfühlen, Mitfühlen bringt wirkliche Erkenntnisse hervor. Nicht wie ich fühle, ist hier nämlich entscheidend, sondern wie fühlt die Welt? Welche Gedanken und welcher Wille liegen der Welt zugrunde, welche Prinzipien, welche Ideen und welche Kräfte und letztlich welche Wesen? Dies bei jeder Erscheinung, bei jedem Objekt der Betrachtung nachzuspüren, lässt mit der Zeit, mit viel Geduld und Ausdauer, neue Wahrnehmungs-Organe erschließen und damit ein erweitertes Bewusstsein.

Dabei geht es vor allem darum, nicht nur in sich selbst ein „reines Sein" ergründen zu wollen, denn in allem ist Wille, ist Idee, ist Empfindung, ist ein Sein und ein Werden. Die Welt, sie verweist letztlich auf Kräfte, die auch im Menschen sind und im Menschen offenbaren sich wiederum Kräfte, die aus der Welt der Mineralien, der Pflanzen und der Tiere und auch weit aus dem Sternen-Kosmos entstammen. Somit ist „der größere, der ganze Mensch" auch im Sternen-Kosmos zu finden. Die gestaltenden Kräfte für den physischen Leib entsprechen beziehungsweise sie sind die gleichen, wie sie auch im Welt-All, im Tierkreis und in den Planeten wirken. Nur haben wir dafür noch kein ausreichendes Bewusstsein.

Ein Narr ist jedoch vor allem der, der sich losgelöst von den Kräften und Wesen der Natur und des weiten Kosmos betrachten will, allein auf den Gesetzen der

Vererbung und der Biologie aufbauend, vielleicht noch mit einem bisschen Psychologie dazu. Der heilige Narr dagegen, er bleibt nicht stehen bei den allzu irdischen Sichtweisen und Zufriedenheiten. Denn er hat erkannt, dass die äußere Welt auch sein Inneres spiegelt. Er lernt von dieser äußeren Welt, er lernt von Sonne und Mond, von Tier und Pflanze, vom Lauf der Sterne und der Planeten, von Wind und Regen, von Mutter Natur und von Vater Himmel, die er in sich erleben und zu verstehen beginnt. Dadurch wird er aber auch selbst zum Spiegel für die Welt.

Der heilige Narr hat ein Bewusstsein gefunden, das ihn nicht mehr trennt von seiner Umgebung, von den Mitmenschen, aber auch nicht von den Kräften und Wesen des weiten Alls. Er ist eins mit allem. Darum kann er bestimmte Nuancen, Klischees und Einseitigkeiten seiner Umgebung anschauen und diese seinen Betrachtern in humorvoller Weise widerspiegeln, wie der Clown oder Hofnarr es tut, damit die Menschen über ihre eigenen Unzulänglichkeiten lachen können. Denn der Humor, er befreit von allzu irdischen Abhängigkeiten, Spleens und Einseitigkeiten.

Doch damit ist des Narren Weg noch lange nicht an einem Ende angelangt. Denn mit einem Bewusstsein von einem Ding, einem Gefühl, einer Wahrnehmung, einer Idee oder einer Kraft im Innen wie im Außen, auch von den Bereichen des Übersinnlichen, ist es noch nicht getan. Denn was nützt die Wahrnehmung und das Bewusstsein von etwas, das wir nicht einordnen können, weil wir zum Beispiel nicht wissen, was es ist oder weil wir keinen Begriff, keinen Namen dafür haben.

Zu jeder Wahrnehmung müssen wir den passenden Begriff, das richtige Wort finden, damit eine Ganzheit beziehungsweise eine Erkenntnis entsteht. Nehmen wir zum Beispiel ein Lichtwesen wahr durch übersinnliche Wahrnehmungsorgane oder im Traum, also in einem Traumbewusstsein, so wissen wir nicht, ob dies ein Engel oder ein Erzengel oder ein gefallener Engel, ein Deva oder was auch immer ist. So können wir auch physikalische Phänomene erst verstehen, wenn wir zum Beispiel einen herunterfallenden Stein durch die Schwerkraft erklären können.

Begriffe, Ideen und Gesetzmäßigkeiten werden vor allem durch das Denken gefunden. So muss zur bewussten Wahrnehmung, der äußerlichen und der inneren, auch immer noch ein dazu passendes Denken hinzukommen, damit eine Ganzheit, ein Verstehen und Erkennen geschieht.

Nur das Denken ist es eben, das auch selbst als eine Wahrnehmung betrachtet werden kann und in dem der Begriff schon immanent enthalten ist. Alle anderen Erscheinungen der Welt haben den Begriff beziehungsweise das Denken noch nicht in sich, so dass erst noch ein Denkprozess hinzukommen muss, damit eine Erkenntnis erfolgt. Beim Denken ist aber der Begriff und *die Wahrnehmung des Begriffes beziehungsweise die Vorstellung davon eins.*

Was bedeutet dies nun für den Menschen? Was passiert, wenn er sein Denken selbst zur Wahrnehmung macht, wenn er nicht nur die Gedanken und die Begriffe zum Bewusstsein bringt, sondern die Denktätigkeit selbst? Kann ich diese verfolgen, kann ich ihr nachgehen? Woher kommt das Denken selbst? Was bewirkt, dass wir logische und sinnvolle Gedanken aneinanderreihen können? Ist in uns eine Kraft, die ein vernünftiges Denken, ein reines Denken bewirken kann, das nicht von persönlichen Meinungen und Standpunkten vereinnahmt wird? Und wohin führt ein solches Denken?

Beobachten wir das reine Denken, bringen wir eine Aufmerksamkeit, das heißt, ein Bewusstsein in unsere Denktätigkeit, so können wir mit der Zeit wahrnehmen, dass dieses sich selbst beobachtende Denken übergeht in ein fließendes, strömendes Geschehen. Wir erahnen zunächst etwas Lebensvolles, das diesem Denken zugrunde liegt. Es sind nämlich Lebenskräfte, die dem Denken innewohnen.

Lebenskräfte sind schöpferisch, sie sind zeugend, wachsend, wahrnehmend und sich ständig wandelnd. So auch unser Denken, wenn wir nicht nur intellektuell analysierend den Dingen gegenüberstehen, sondern wenn wir dieses Denken selbst betrachten, quasi in es hineinschlüpfen. Der Denker und das Denken können somit eine Einheit bilden. Normalerweise steht der Denker quasi hinter dem Gedanken, er beobachtet und steuert sie. Schlüpft der Denker, das Ich in den Denkprozess hinein, so dringt er ein in die Lebensprozesse, in sich und in der Welt.

Solche Denkprozesse sind ja nicht mehr an das Gehirn gebunden, da sie keine Gedanken und Vorstellungen spiegeln. Sie führen ein in die ätherische Welt, in die Bildekräfte des Lebendigen. Ein intellektuelles Gehirn-Denken in Begriffen und Vorstellungen verbraucht noch Lebenskräfte. Ein reines Denken, ein sinnlichkeitsfreies und begriffsfreies Denken dringt ein in das Leben selbst, denn es urständet darin. Dazu muss man sich von allen Gedanken befreien und ein reines Gewahrsein in seinem Geist, in seinem Denken herbeiführen. Dies stärkt von Innen her und beschenkt uns mit neuer Energie und manchmal auch mit Ideen, Imaginationen und Inspirationen, die in diesen „freien Denk-Raum" einfließen können.

Wollen wir das Leben, das Lebendige nicht nur in den äußeren Erscheinungen wahrnehmen, sondern die wirkenden Kräfte darin erfahren, müssen wir unser Bewusstsein erweitern für das Leben selbst. Und dies durch ein Denken, das in sich selbst das Lebendige, das die bildenden Kräfte des Lebens erfahren beziehungsweise wahrnehmen kann. Schreiten wir auf diesem Weg mit andauernder Übung fort, so wird dieses Denken zu einem Wahrnehmen beziehungsweise zu einem Schauen dieser Lebenskräfte selbst hinführen, denn das Denken wird damit selbst zu einem Organ der übersinnlichen Wahrnehmung, zum sogenannten ätherischen Hellsehen heranreifen können.

In ähnlicher Weise können wir mit Gefühlen und Willensregungen umgehen lernen. Eine Erweiterung beziehungsweise eine Veredelung der Gefühle, hin zu ästhetischen, wahrhaftigen und religiösen Empfindungen, schafft ebenfalls an neuen „Organen" in uns, die uns noch tiefer in das Sein der Welt eindringen lassen. Nur ist es hier nicht mehr die Äther-Sphäre, also der Bereich des Lebendigen, sondern die astralische Welt, in die wir mit edlen Gefühlen, vor allem mit einem Mitgefühl, mit dem Verzeihen und Vergeben und mit einer reinen und selbstlosen Liebe eintreten dürfen. Und schließlich wird in einem Willen, der sich von allen persönlichen Regungen freimachen kann, ein reiner Wille wahrgenommen, der mit dem Willen der Welt eine Einheit bilden will. Damit betreten wir die geistige Welt, in die niemand eintreten darf, der sich diesem Welten-Willen entgegenstellt.

Der Welten-Wille wirkt in uns vor allem im Aufbau und in der Struktur des physischen Leibes. Darin wirken höchste Geistes- und Götterkräfte. Davon ein Bewusstsein zu erlangen ist möglich, wenn wir versuchen, uns diesem Willen anzugleichen.

So erst entsteht ein erweitertes Bewusstsein, das über unser Gegenstands-Bewusstsein hinaus sich weiten *kann. Ein reines Denken, ein reines Fühlen und ein reiner Wille sind die Instrumente und Organe, um in neue Wahrnehmungs-Bereiche eindringen zu können.*

Diese Welten öffnen sich unserem Streben erst dann, wenn wir uns bemühen, unser Denken, Fühlen und Wollen so zu verwandeln, dass darin höhere Kräfte und Wesen einwirken können.

„Das Welten-Denken denkt in mir – die Welten-Seele fühlt in mir – der Welten-Wille wirkt in mir".

Diese Worte als eine Meditation gedacht, von Rudolf Steiner empfohlen, erschaffen in uns einen neuen Menschen, der eben nicht mehr getrennt ist vom weiten All, da der Mikrokosmos Mensch und der Makrokosmos durch solche Übungen immer stärker zusammen-kommen und allmählich eine Einheit bilden können.

Dies erst ist der Stein der Weisen, den der heilige Narr in sich selbst gefunden hat.

Im Folgenden will ich noch eine zusammenfassende Übersicht für einen möglichen Bewusstseinswandel anführen, die verschiedene Ebenen des Bewusstseins aufzeigt und die hier stichwortartig beschreiben sol-len, wohin eine Bewusstseins-Entwicklung schließlich hinführen kann:

- Stein, Mineral, Leib – tiefes Trance-Bewusstsein

- Pflanze – Tiefschlaf-Bewusstsein

- Tier – Traum-Bewusstsein

- Mensch – waches Gegenstands-Bewusstsein, Oberflächen-Bewusstsein

- Engel – imaginatives Bewusstsein: Lebenskräfte, seelische Energien und Gedankenformen können bildhaft leuchtend wahrgenommen werden. Ein schauendes Bewusstsein für nichtsinnliche, feinere Ebenen und Kräfte, bis in die Engelwelten hinein, ersteht, wenn unser Engel, unser „Selbst" in uns zu schauen beginnt.

- Erz-Engel – inspiratives Bewusstsein: Energien und Kräfte gehen von Wesen aus, die Töne, Klänge und Harmonien erzeugen. Deren Sprache verstehen lernen, das innere Wort vernehmen, die Sprache des Geistes hören und verstehen, das heißt, Teil eines Gruppen-Bewusstseins mit der geistigen Welt zu werden. Wahrnehmen und Erkennen kommen darin zusammen.

- Archai – intuitives Bewusstsein: nicht nur hören lernen, sondern selber drinnen sein, im Wesen, in der geistigen Welt. Einssein damit. Die Kräfte der geistigen Welt in sich erleben, als göttliche Kräfte, als etwas Wesenhaftes. Dieses Göttliche nicht nur in sich, sondern auch in der Welt, in Pflanzen, Tieren, Steinen und Menschen erleben lernen.

Desweiteren können noch höhere Zustände des Makrokosmischen erfahren werden, ein kosmisches Bewusstsein und damit das Einswerden mit dem Makrokosmos und zuletzt mit Gott. In Gott kommt das Bewusstsein wieder in seinen Ursprung. Im Gottes-Bewusstsein erfüllt sich und endet der Weg des Mystikers, des Gnostikers, des Magiers und auch der des Narren, der das Göttliche liebt und für dieses lebt.

Liebe das Leben im Licht

Wer tut dies schon? Sind es nur die Toren und Narren, die sich ganz dem Leben in der Liebe und dem Licht der Wahrheit weihen wollen? Was hat der rational eingestellte Zeitgenosse davon, sich mit diesen Begriffen tiefer auseinander zu setzen?

Versuchen wir zunächst einmal aus diesen Begriffen eine Art Meditations-Formel zu entwickeln. Also so, dass wir diese Begriffe in einen größeren Zusammenhang stellen, damit darin ein tieferer Gehalt offenbar werden kann.

„Im Licht lebt Weisheit -
* im Leben waltet Güte -*
*   in der Liebe erblüht die Schönheit"*

Diese Sätze zu meditieren, sie im Inneren zu bewegen - können sie sich dadurch enthüllen, wird sich darin ein tieferer Sinn offenbaren und werden damit vielleicht sogar ganz neue Kräfte geweckt? Oder ist dies alles nur eine Zeitverschwendung?

Der heilige Narr geht unbekümmert seinen Weg. Er resigniert und zweifelt nicht, denn er glaubt an die Liebe, wenn auch viele irdischen Ablenkungen und Abhängigkeiten, Gelüste, Meinungen und Zweifel ihn davon abbringen wollen. Er schenkt sein Leben ganz der Liebe.

Doch die Liebe, sie kann verschiedene Facetten und

Ebenen annehmen. Zum Beispiel in einer gefühlsbetonten seelischen Liebe zu einem Geliebten, zu einer Geliebten, die mit einem erwartungsvollen Herzklopfen nach ihrem Gegenüber schmachten will. Dann die Liebe zur Lust, zur körperlichen Befriedigung und zum Genuss. Desweiteren die Nächstenliebe, das soziale und karitative Element, mit dem wir der Welt zu dienen vermögen; sowie die Liebe zur Natur, zu unserer Erde mit den natürlichen Geschöpfen darauf.

Die Selbst-Liebe darf natürlich auch nicht vergessen werden. Wir müssen uns schon so annehmen und lieben lernen, wie wir eben geworden sind, ansonsten wird keine Wandlung möglich sein.

Auch das Abgründige, das Unvollkommene darf durch die Liebe angenommen werden. Deshalb auch die Feindesliebe. Denn durch diese werde ich allmählich freier, auch den Feinden gegenüber. Hass, Argwohn und Angst fesseln sehr stark, das ist ja bekannt. Habe ich Mitgefühl und Liebe auch mit denen, die mir übel gesinnt sind und mir schaden wollen, so löse ich mich aus ihren Attacken, ich bin nicht länger ihr Opfer. Viel eher kann man zum Helfer und Heiler werden, wenn wir die Liebe in allen Gegebenheiten zum höchsten Maßstab unseres Handelns machen wollen.

In der Liebe ist das Göttliche anwesend, immer, denn Gott ist Liebe. Je reiner und selbstloser wir zu lieben beginnen, um so göttlicher wird die Liebe selbst. Ja, wir können in dieser Liebe Gott ganz nahe sein, ihn *immer stärker lieben. Je mehr wir eine solche Liebe in allen ihren Äußerungen und Möglichkeiten üben, um so mehr wird Schönheit und Harmonie in unser Leben einziehen können.*

Jedoch, ein Verurteilen und Schlechtreden verträgt die Liebe nicht. Sie sieht das Gute und Schöne im Anderen und darum liebt sie ihn, weil eben in jedem Menschen ein Keim der Liebe ist, der oftmals nur nicht richtig aufgegangen ist.

Gerade in der Therapie mit schwierigen und kranken Menschen ist es wichtig, dass wir dieses Gute, dieses Liebevolle im Anderen sehen und wecken lernen. Sicher dürfen wir dabei das Fehlerhafte und Kranke nicht unter den Teppich kehren. Doch wir brauchen ein Ziel, wohin sich das Falsche wandeln soll. Und dieses Ziel ist letztlich die Liebe. Denn damit kann sich der Kranke und Verirrte mit der Zeit nämlich selber heilen. Auch der Selbstwert steigt, wenn man sich selbst lieben lernt. Und wenn dies von der Umwelt noch gespiegelt wird, wenn auch von da Liebe, Achtung, Wertschätzung, Respekt und Lob dazu kommen, so sind die besten Heilungs-Chancen vorgegeben. Der Mensch wird in innerer Schönheit erblühen können, wenn er die Liebe entdeckt: zu sich, zur Welt, zum Mitmenschen, zum Partner, zur Natur und zu Gott.

Das Leben ist mannigfaltig, weit und lang, da gibt es die verschiedensten Weisen, Notwendigkeiten und biographischen Möglichkeiten, dieses zu leben. Doch in einem sind unsere Leben alle gleich: Wir wachsen von klein an, dann haben wir mit den Jahren die höchste und vitalste Form erreicht, um mit der Zeit zu altern und zu welken. Das ist des Lebens Lauf. Bios, das natürliche Leben unterliegt eben dem Rhythmus von Aufbau und Abbau, von Entstehen, Werden und Vergehen, einem natürlich Kreislauf folgend. Dieses biologische Leben teilt der Mensch mit allen natürlichen Geschöpfen, also auch mit Pflanze und Tier. Doch ist dies schon alles? Gibt es vielleicht ein Leben, das auch diesen Kreislauf steuert und das wie ein Jungbrunnen einwirken kann in die alternde Zeit?

Zoe steht im Griechischen für das jungfräuliche Leben, das über dem Bios, über dem natürlichen Leben weilt. Das unvergängliche, ewige, paradiesische Leben, von dem alles Leben ausgeht und zudem es wieder zurückkehrt, wenn der Tod das biologische Leben im Irdischen hinweg gerafft hat, dieses Leben, in das die Seele nach dem Tode einkehren kann, dieses Leben, es ist gut.

Güte strahlt aus von diesem Leben. Und diese Güte, sie kann eben auch das irdische Leben überstrahlen, es durchdringen und befruchten. Das Leben, es wird gut, es wird gütig, wenn wir uns diesem guten Leben zuwenden lernen. Darin offenbart sich letztlich das Leben des göttlichen Vaters, das himmlische Leben. Zu diesem dürfen wir uns hinwenden, es in unser Leben einlassen. Die Güte will und kann unser irdisches Sein und Leben annehmen und emporheben. Deshalb, sei gütig zu und mit deinem Leben. In der Güte lebt die Kraft Gottes. Gütig werden wir selbst, wenn wir uns dem Guten zugesellen wollen. Doch was ist gut?

Viele Lügen und Unwahrheiten durchziehen die Welt. Doch Lügen können nicht das Gute fördern, das kann nur die Wahrheit. Jedoch, manchmal wird eine „Notlüge" oder ähnliches angewandt, um sich selbst vor Strafen oder auch andere vor Wahrheiten zu schützen, die hart und schmerzlich sein können. So kommt es natürlich auch darauf an, wie man eine Wahrheit verkündet, ob direkt und schonungslos oder einfühlsam und nuanciert.

Grelles und direktes Licht blendet die Augen, so auch das Licht der Wahrheit, das manchmal recht schmerzhaft sein kann. Jedoch, ohne Licht, ohne Wahrheit bleiben wir der Dunkelheit ausgesetzt.

Das Licht der Wahrheit macht uns weise, wenn wir dieses Licht so anwenden, dass es uns bescheint, dass es uns neue und umfassende Sichtweisen eröffnet und damit sicher durch das Leben führt. Das Licht der Wahrheit ist wie eine Sonne, die uns wärmen, erhellen und heilen kann. Zu viel direktes Sonnenlicht kann aber auch schädlich wirken, darauf ist zu achten. Zu viel Wahrheit, direkt und ungefiltert, kann negative Auswirkungen haben, sie kann bewirken, dass man sich verschließt, dass man sich zurückzieht oder sich eher dem Schein-Licht, dem Schein des Künstlichen *zuwendet, das in der heutigen Welt einen scheinbaren Siegeszug antritt. Was ist damit gemeint?*

Wie viel künstliches Licht erhellt inzwischen unser Leben? Wie viele „künstliche" Wahrheiten, von Menschen, von Wissenschaften und von der Technik gewonnene Erkenntnisse, Informationen und Einsichten durchziehen die Welt?

Die Nachrichten in den Medien, alle Welt-Ereignisse sind heute zeitnah da. Sie überschwemmen die Seele mit Bruchstücken, Standpunkten, Meinungen, Kommentaren, Teil-Wahrheiten, Demagogien und Lügen. Wie soll man da noch hinter diese Äußerungen blicken können, wie soll man zum Beispiel in Kriegsnachrichten noch die Wahrheit finden?

Das künstliche Licht erschafft einen Schein. Es hat kein eigenes Leben. Das Sonnenlicht, es ist lebensvoll, es bewirkt das biologische Leben. Das künstliche Licht, wie auch das reflektierte Licht des Mondes, es macht natürlich auch sichtbar, es erhellt die Nacht, aber es ist nur gespiegelt, es dringt nicht in die Tiefe, es beleuchtet, wie der menschliche Intellekt, nur von Außen.

Das Sonnen-Licht, wie auch das lebensvolle Licht der Wahrheit, es dringt ein, durch unsere Haut, es durchwärmt den ganzen Körper und schenkt uns immer wieder neues Leben. In analoger Weise schenkt das geistige Sonnen-Licht, das Licht der Wahrheit die Kraft der Intuition, die es erst vermag, auch in die

Dinge beziehungsweise hinter die Äußerlichkeiten, sogar bis in die Tiefen des Seelischen hinein zu blicken. Und das will die Wahrheit letztlich auch erreichen. Das Licht der Wahrheit sieht das Ganze, nicht nur eine äußerliche Teilwahrheit oder eine aufgesetzte „Fassade", weil es eben am inneren Leben teilnimmt, weil es der gleichen Quelle entstammt, aus der auch das Leben sich ergießt. Darum:

Liebe das Leben im Licht.

Das Licht der Wahrheit, es macht weise, weil es das ganze Leben kennt, bis in den tiefsten Grund hinein. Und es macht sehend, auch für das, was im Leben gut, was das gute Leben ausmacht, in dem es den Kern, den Urgrund allen Seins und allen Lebens in das Licht der Erkenntnis bringen will. Dieses gute Leben, es ist in seinem Urgrunde auch schön, weil es von Liebe durchpulst und getragen ist. So schließt sich der Kreis: Licht – Leben – Liebe.

Diese Dreiheit, als eine Ganzheit begriffen, offenbart den göttlich-trinitarischen Urgrund allen Seins. Im Leben der göttliche Vater, wie natürlich auch die göttliche Mutter, in der Liebe der Sohn und im Licht der Wahrheit der heilige Geist, die göttliche Weisheit.

Diese Trinität beziehungsweise dieses Prinzip der Dreiheit hat der heilige Narr erkannt. Die Erkenntnis daraus ist die Maxime seines Lebens. Darauf baut er auf, das ist sein zu verwirklichendes Ziel. Alles andere, das die Welt zu bieten hat, er nimmt es an und trägt es mit, aber er richtet seinen Blick und seinen Willen nicht zu sehr darauf. Dieser ist gerichtet auf das Leben, auf die Liebe und das Licht.

Dadurch hat er aber auch erkannt, dass dieser heiligen Dreiheit eine finstere gegenübersteht:

Der ahrimanische Geist der Unwahrhaftigkeit und der Lüge, der die Welt mit seiner kalten Intelligenz überschwemmen, verdummen, vereinnahmen und damit in seine Macht und Gewalt bringen will.

Der asurische Geist des Hasses, der Gewalt und des Hässlichen, der die Welt und alles Gute eigentlich nur zerstören will.

Der luziferische Geist des Bösen, der Verneinung, der alles Lebendige, Natürliche und Gute der Erde negiert und nur sich selbst und sein Reich erhöhen will.

Diese Geister müssen wir durchschauen lernen. Der heilige Narr erkennt sie in ihrer tieferen Bedeutung, aber er hasst und verneint sie nicht. Denn es gibt kein Ja ohne ein Nein und kein Nein ohne eine Ja in der irdischen Welt. Wir wüssten nicht was das Gute ist, wenn es kein Böses gäbe und das Licht, es wird erst sichtbar durch die Finsternis. So hat alles seinen Wert und seinen Sinn. Auch die finsteren Wesen und Mächte erfüllen einen Zweck, selbst wenn die Dunkelheit, wenn die dunklen Kräfte sehr bedrohlich die Welt vereinnahmen und zu zerstören drohen.

Hass ist der verzweifelte Schrei nach Liebe, resultierend aus der Unfähigkeit, wirklich lieben zu können, aus welchen Gründen auch immer. Der Hass kann folglich nur durch und in Liebe überwunden werden. Das sollten vor allem diejenigen bedenken, die mit militärischen Mitteln der Gewalt das Böse und Gewaltsame besiegen wollen. Sicherlich, man muss der Gewalt und der dunklen Zerstörungskraft zuweilen auch Einhalt gebieten, durch eigene Stärke und Macht. Erlösen wird man das Falsche, Kranke und Böse damit aber nicht. Nur in einem vereinigten Ringen um Verständnis, um Gerechtigkeit, um Frieden und um Liebe wird man den bösen Kräften und deren Treiben ein Ende bereiten können, denn die Liebe ist schließlich die stärkste Kraft im Universum; das sollten wir niemals vergessen.

Der heilige Narr will die finsteren Wesen und Kräfte, im Kleinen wie im Großen, im Persönlichen wie im Gesellschaftlichen, viel eher im Licht der Wahrheit erblicken und begreifen lernen. Damit können sie sich in seiner beziehungsweise durch seine Liebe wandeln und zwar, in dem er seine Güte allen Wesen zugedeihen lässt, damit die Welt einmal gut werden kann, damit sie dereinst in Schönheit und in einem hellen, lebensvollen Glanze erstrahlen wird. Und dies schließt eben ein, dass das Dunkle und Böse vom Licht der Wahrheit und von der Liebe aufgenommen und damit gewandelt werden kann. Die Zukunft wird es zeigen, ob wir zu Liebenden werden wollen oder auch nicht. Dies liegt ja in unserer freien Entscheidung.

Wo bitte geht es lang nach Shambhala?

Shambhala, das ist ein geheimer Ort auf oder in der Erde, so sagt man, den viele Geist-Sucher gerne finden wollen, weil dies ein Ort des Friedens, der Gerechtigkeit, der Freiheit, der Weisheit und der Glückseligkeit sein soll. Ein geheimnisvoller Klang liegt in diesem Mysterium, das auch mit Namen und Geschichten aus den Legenden um den heiligen Gral in Verbindung gebracht werden kann. Avalon, Kitesh, Montsalvach, Shambhala, immer sind es geheime Orte, an und in denen geistige Welten einen irdischen Aufenthaltsort gefunden haben, wo also geistige Kräfte und Wesen im Irdischen sein und wirken können. Folglich ist damit ein „Ort" gemeint, an dem der Gral sich offenbaren kann. Und damit ein „Jungbrunnen", der der Erde und den eingeweihten Menschen immer wieder neue und lebendige Kräfte und damit eine unvergängliche Nahrung schenkt, die Labsal und Fülle verspricht.

Shambhala heißt: das mystische Königreich. Viele wähnen es irgendwo im Himalaya, in der Wüste Gobi, manchmal auch anderswo. Selbst in rechtsextremen und nationalistischen, zuweilen gar in manch sonderbaren esoterischen Kreisen und Gesellschaften, wird ein geheimnisvoller Ort erwähnt, an dem sogar eine geheime Weltregierung wirken soll. Demzufolge sollte man auf der Suche nach diesem Ort schon eine gewisse Vorsicht und Vernunft walten lassen. Schließlich soll es gerade im Spirituellen auch um die Wahrheit gehen und nicht um irgendwelche Machtansprüche oder um innere Wünsche, damit man vielleicht zu solchen Auserwählten dazugehören kann.

Shambhala steht, in einem größeren Zusammenhang betrachtet, vor allem auch für ein gemeinsames Ziel von Buddhismus und Christentum, also für einen geistigen „Ort", an dem sich religiöse und spirituelle Strömungen verbinden, weil sie da eine gemeinsame Wurzel entdecken können.

Von manchen fortschrittlichen Buddhisten und Christen wird dann auch heute schon der Versuch unternommen, das Gemeinsame und Verbindende dieser beiden Strömungen heraus zu arbeiten, da sie meinen, durch gemeinsame Werte eine Einheit und allmählich eine Verschmelzung herbeiführen zu können. Das ist zwar gut gemeint, aber man darf dabei nicht die Unterschiedlichkeiten dieser Geistesströmungen vergessen, denn eine objektive Betrachtungsweise wird immer Gemeinsames und Trennendes feststellen. Bei einer genaueren Kenntnisnahme können sich sogar einige Polaritäten zeigen, die darauf hinweisen, dass es eben auch östliche und westliche Gegensätze gibt, die sich innerhalb der Geistesgeschichte auch immer wieder offenbaren. So stelle ich im Folgenden hier eine kurze Gegenüberstellung an, die aber sicher nicht vollständig ist und gerne erweitert werden kann:

Buddhismus:	**Christentum:**
Leere (Nirvana)	*Fülle (Himmelreich)*
Nicht-Anhaftung	*Mitten hindurch*
Emotionen lassen	*Emotionen läutern und wandeln*
Reiner Geist, ohne Ich	*Ich-Tätigkeit verbindet oben (Geist) und unten (Leib)*

Somit kann hier recht leicht eingesehen werden, dass es in der Begegnung von Buddhismus und Christentum nicht zu einer Verschmelzung, sondern viel eher zu einer Ergänzung kommen sollte. Polaritäten können nämlich als Gegensätze oder aber als Ergänzungen wahrgenommen werden. Das ist doch entscheidend.

Eine Vermischung dieser Pole oder auch ein Kompromiss, der irgendwo dazwischen liegt, bringt hier nicht wirklich weiter. Letztlich geht es darum, eine Ebene zu finden, wo beide Pole ihre Berechtigung und ihre Wirkensmöglichkeiten erfahren dürfen.

Im praktischen Leben ist es dann sicher manchmal auch gut, vor allem, wenn der Alltag allzu sehr peinigt und bedrängt, etwas Abstand von den Problemen und Ärgernissen nehmen zu können, wenn man sich in buddhistischer Weise eben nicht mehr so stark identifiziert mit den allzu persönlichen Angelegenheiten. Diese Haltung wird ja auf einem buddhistischen Schulungsweg geübt.

Eine höhere Warte und eine ruhig-betrachtende Sichtweise einnehmen zu können, ist dann auch eine Bedingung, wenn man erkenntnismäßig etwas tiefer in

*emotionale und unterbewusste Themen und Muster
eindringen will, so wie dies vor allem ein westlich-
spiritueller Weg zu leisten hat. Denn sicherlich ist es
auch notwendig, durch ein Problem, durch eine
Krankheit und durch eine Krise hindurch zu gehen, um
daraus neue Fähigkeiten erringen zu können. Wenn
man nur eine Seite schult und forciert, besteht die
Gefahr einer Einseitigkeit, nämlich die des nur
„Machen-wollens" oder nur die des Rückzuges und
des Geschehen-lassens.*

*Wir haben es also mit zwei polaren Geistesströmungen
zu tun, wobei der Buddhismus mehr im Geistigen verbleibt, während das Christentum stärker und tiefer ins
Irdische vordringen will. Da besteht ganz natürlich die
Notwendigkeit eines Ausgleichs, allein schon im ge-
schichtlichen Werden, als in der Vergangenheit die
östliche Menschheit einen gewissen Ausgleich schuf
zum westlichen Materialismus und zur westlichen
Individualisierung, damit die Waagschale für die Welt
nicht zu sehr auf eine Seite kippt.*

*Zukünftig soll jedoch ein gemeinsames Ziel gefunden
werden, wo dann beide Strömungen zusammen wirken
können. Die Rettung der Erde und des Menschen kann
dann als ein gemeinsames Ziel wahrgenommen werden. Den Menschen, die zu tief ins Irdische einge-
stiegen sind, kann der Buddhismus helfen. Den mehr
spirituell strebenden „Geistmenschen", die zu wenig
Erdkontakt aufweisen, kann das Christentum helfen, in*

dem es auf die Nächstenliebe und auf das soziale Engagement, also auf eine karitative Arbeit hinweist.

„Liebe, die keine Tat wird, ist keine Liebe", so drückte diesen Sachverhalt Ricarda Huch einmal sehr konkret und zugespitzt aus. Darin zeigt sich eben mehr ein westliches Verständnis von Liebe, während der Osten gerne in einer meditativen Haltung verbleibt.

Der Osten strebt vermehrt nach Weisheit und Mitgefühl; Geduld, Gelassenheit und Vertrauen erwachsen einer meditativen Schulung und Sicht. Der Westen ergreift mehr den Willen. Die Tat- und Schaffenskraft vermochte einen enormen technischen und materiellen Fortschritt herbeizuführen, wobei heute eher eine Verwandlung der Wirtschaft und Technik angesagt ist, hin zu einer sozialen Gerechtigkeit und zu einem ökologischem Bewusstsein, das den Menschen und die Erde wieder zusammen bringen kann.

Der Mensch ist ein Teil der Erde, ja, er ist sogar ihr Mittelpunkt, wenn man die vier Himmelsrichtungen zugrunde legt, die in jedem Menschen eine Mitte finden können. Das heißt, von jedem Menschen gehen vier Richtungen, eben nach Norden, Süden, Osten und Westen aus. Somit können diese Richtungsqualitäten schließlich auch im Menschen zusammenkommen, vor allem, wenn er seine Ich-Kraft einbringt und damit das natürliche Geschehen erweitern und verwandeln will. So ist in unserer Zeit auch vermehrt wahrzunehmen und dies mit etwas Feingefühl, dass die Natur immer empfänglicher für den Menschen wird, denn sie ist immer stärker auf ihn angewiesen. Die Erde wurde nämlich von den Engel-Hierarchien „freigelassen" und damit vermehrt in die Freiheit und in die Verantwortung von uns Menschen hineingelegt.

In früheren Zeiten wurde die Erde von den damaligen Menschen oftmals noch als angst-einflößend, ungerecht und gnadenlos empfunden, auch heute manchmal noch, vor allem, wenn man die vielen Naturkatastrophen bedenkt, die okkult betrachtet zumeist bestimmte Auswirkungen gewisser menschlicher Einstellungen und den daraus folgenden Taten aus vergangenen Zeiten sind. Die Erde war und ist die große Mutter, vor ihr hatte man in den frühen Zeiten oftmals noch Furcht und Angst beziehungsweise man huldigte ihr durch Opfergaben, damit sie den Menschen gnädig war. Das Alt-Testamentarische: Machet euch die Erde untertan - bewirkte jedoch eine allmähliche Loslösung und Emanzipation von der Erdenmutter, so wie diese in der westlichen Welt inzwischen weitestgehend errungen ist. Um eine Selbstständigkeit und Freiheit erlangen zu können, muss sich der Mensch von Autoritäten, von Göttern und Religionen, aber auch aus einer Naturverbundenheit herauslösen können. Und dies auch gegenüber unserer „Mutter", der Erde. Zukünftig geht es nämlich um ein reifes und erwachsenes Verhältnis zu und mit der Erden-Mutter.

In allen alten Kulturen gab und gibt es entsprechende

Namen für die Erdmutter. Ins Christliche ist sie eingegangen als Gottesmutter Maria, die den Himmel und die Erde erfüllt. Die vielen Madonnenbilder aus vergangener christlicher Zeit verweisen aber noch auf ein anderes Geheimnis. Mit Christus kam das göttliche Licht, kam eine Lichtgeburt in die Erde hinein. Das ist das „Kind" der Madonna, der Erdenmutter. Somit ist auch jeder wirkliche Christ und lichtvolle Mensch ein Kind der Erde. Sie bringen Licht in die Erde, wenn sie sich ichhaft mit Christus, mit dem christlichen Geist des Menschlichen verbinden können. Dadurch wird die Erde immer wieder neu befruchtet. Jeder Mensch, der sich mit dem lebendigen Geist verbindet, ist wie ein „Jungbrunnen" für die Erde. Selbst der menschliche Leib, wenn er nach dem Tod der Erde übergeben wird, trägt noch geistige Kräfte in diese hinein, mit denen sie sich selbst verjüngt.

Die physische Erde wird einmal sterben, ob durch einen Wärmetod oder als eine leblose Schlacke, die irgendwann zurückbleibt, soll hier nicht erörtert werden. Entscheidend ist nämlich, dass eine ätherisch-geistige Erde auferstehen wird, sich aus dem Physischen der Erde herauslösen und einen neuen Himmelskörper, eine neue Erde, das sogenannte Neue Jerusalem herausbilden wird. Und dies vor allem auch durch das Mitschaffen des Menschen, besonders, wenn er sich mit der Christus-Kraft, mit dem Menschheits-Ideal, mit dem Urbild des Menschen verbinden kann.

Eine innere Arbeit wird folglich vom Menschen verlangt. Hier begegnen sich dann auch die Menschheitsströmungen des Ostens, des Westens, des Südens und des Nordens. Diese sollen in ihren Prinzipien und Kräftewirkungen, hier jedoch nur stichwortartig, angeführt werden. Man kann die Jahreszeiten und die Elemente hinzunehmen, so dass diese Aufstellung auch als eine meditative Übung aufgefasst werden kann.

Osten - Frühling: Hingabe an den Geist, Vertrauen,
Geduld und Mitgefühl
Süden - Sommer: Selbstwahrnehmung und Reflexion,
Selbsterkenntnis
Westen – Herbst: Klarheit, Entscheidungen, Tatkraft,
Ideale auf den Boden bringen
Norden - Winter: Dankbarkeit und Freude,
Leichtigkeit und inneres Licht

In und durch das menschliche Ich können diese vier Richtungen und Zeitqualitäten im Seelischen zusammen kommen. Dadurch wird der Mensch quasi zum Mittelpunkt der Erde, das heißt, er kann das Naturhafte ergänzen und ausgleichen lernen. Folglich können gewisse Einseitigkeiten und Gegensätze so angeschaut werden, dass sie sich allmählich ergänzen können. Damit ist aber kein Verschmelzen verschiedener Kulturen angesagt, auch keine Vermischung, auch nicht ein Kompromiss, der sich irgendwo in einem „Zwischenbereich" ereignen kann. Letztlich soll, in einem gesunden Sinne, nämlich eine höhere Ebene gefunden werden, die alle Geisteshaltungen und Religionen in einer Synthese integrieren kann.

Dies wird möglich, wenn wir eine Mitte finden, von der wir alle Ebenen überschauen und damit integrieren lernen. Dazu muss der Mensch zuerst einmal das natürliche Geschehen der Erde wahrnehmen, um dieses dann durch seine eigene Kraft ergänzen und vollenden zu können, so wie ich dies in Stichworten hier darstelle:

Osten – Frühling – Wasser: die Erde strömt aus, sich mitteilend

Süden – Sommer – Feuer: Hingabe und Offenheit der Erde an und für den Kosmos

Westen – Herbst – Luft: die Erde lauscht dem Sommer nach, sie erntet die Sommergaben

Norden – Winter – Erde: Selbsterleben, die Erde wacht und empfängt die Sternengaben

Dazu soll und kann der Mensch nun eine ergänzende Bewegung einnehmen:

Frühling: Mitgefühl, Empfangsbereitschaft, Vertrauen und Geduld

Sommer: Wahrnehmung und Reflexion, von dem, was da kommen und reifen will

Herbst: Tatkraft, Ideen Wirklichkeit werden lassen, Entscheidungen

Winter: innere Freude und Dankbarkeit, innerer Sommer

Der Mensch bildet so eine Ergänzung zum natürlichen

Prozess der Erde. Er bringt ichhaft seinen Geist hinzu. Dadurch entsteht erst eine Ganzheit, wie auch eine Zusammenarbeit, die Erde und Mensch verbinden und weiterbringen kann. Und so schließlich vielleicht auch einmal die verschiedenen Geistesströmungen.

Osten: Buddhismus, Hinduismus, Taoismus,
*   Shintoismus, Jainismus ...*
Süden: alte südliche Kulturen, Ägypten, Judaismus,
*   Inkas, Mayas, Hermetik ...*
Westen: Christentum, Keltentum ...
Norden: Germanen, Drotten, Schamanismus,
*   Indianerkultur ...*

Der Gral umfasst alle geistesgeschichtlichen Strömungen und irdische Raumesrichtungen. Heute ist Mittel-Europa der geographische Raum, wo das menschliche Ich am stärksten ausgebildet werden und wo eine Mitte gefunden werden kann, damit die vier Raumesrichtungen darin zusammen kommen können.

Shambhala ist der Ort, ist die Mitte, ist das Reich, wo sich immer wieder eine Lichtgeburt ereignen kann. Einen physisch-äußeren Ort werden wir dafür freilich nicht mehr finden. Da müssen wir uns schon aufmachen, dahin, wo diese Mitte ist: in uns und in der Erde. Die Mitte der Erde – ja, hinein in die Erde - tief hinein bis in ihre innersten Schichten – zumindest geistig da hinein, so lange, bis uns dort ein geistiges Licht erscheint. Doch das ist leichter gesagt als getan.

Wo und wie finden wir nun den Geist, das geistige

Licht der Erde? Sicher, ein Geistiges zeigt sich auch in den Elementen, im Gang durch die Jahreszeiten, aber da ist heute auch schon viel durcheinander geraten, da die inneren Erdschichten die Negativitäten und die seelischen Abgründe der Menschen aufnehmen und diese irgendwann nach Außen spiegeln, manchmal auch in Naturkatastrophen und ähnlichem. So müssen wir zuallererst eine seelische Reinigung vornehmen, nicht mehr flüchten vor den dunklen Abgründen, wie in vielen östlichen Geistesschulen praktiziert, um sich nur noch dem geistigen Licht zuwenden zu können. Sich mit dem Licht verbinden und dieses dann in die Dunkelheiten hineinbringen wollen, dies beleuchtet schon viel eher den Weg nach Shambhala.

Lang und tief geht es hinein, durch den Körper und die Füße, bis erst am Grund, im Innersten der Erde ein großes Licht, eine innere Sonne, bis da das innere Reich des Christus in der Erde erscheint. Christus ist der Geist der Erde, er ist im Mysterium von Golgatha bis in den Erdmittelpunkt hineingezogen, er durchdringt und belebt sie also auch von innen her.

Im Jahreslauf, im Atem der Erde, offenbart er sein Wirken, in dem er zwischen der Erde und dem Kosmos verbindet, ausgleicht und ergänzt. Der christliche Jahreslauf ist ein Weg des Himmels, ein Weg der göttlichen Gnade, der an Weihnachten mit der Geburt des himmlischen Kindes im Erden-Sein beginnt und im und durch das Passions- und Ostergeschehen ganz tief ins

Irdische eindringt, bis zum Mittelpunkt der Erde und von da an wieder aufwärts geht, bis er an Johanni endlich wieder den Himmel erreicht. Und dies jedes Jahr erneut, damit die Erde einen frischen Himmels-Impuls und damit eine neue Kraft erhalten kann. Somit wird im Jahreslauf ein kosmisches Geschehen sichtbar, das Himmel und Erde verbinden will.

Shambhala ist also kein physisch-irdischer Ort. Shambhala ist eher ein Geschehen, eine Bewegung, eine Strömung, der wir uns anschließen dürfen. Dabei sind alle Menschen und alle Himmelsrichtungen eingeschlossen.

Der Osten ist wie ein Quell – da fließt das reine Wasser der Weisheit und der Geduld; der Westen ist wie ein Sturm – voller Kraft und Beweglichkeit; der Süden ist wie ein Feuer – voller Begeisterung und Liebe; der Norden ist wie ein Kristall – voller Klarheit und Vernunft. Die Mitte bildet schließlich der Mensch, der diese seelisch-geistigen Räume in sich integrieren kann.

Zeit (die Jahreszeiten) und Raum (die Himmelsrichtungen) kommen so zusammen. Darin offenbart sich der Weg nach Shambhala. Gehen wir ihn immer bewusster und immer weiter, so werden wir einmal, als Menschheit, in der Verbindung aller Ströme und Zeiten diesen seelisch-geistigen „Ort" erreichen können. Dies ist Zukunftshoffnung und auch unser aller Ziel. Diese Zukunft hat aber schon begonnen, als im

Mysterium von Golgatha ein göttlich-geistiger Keim in den Mittelpunkt der Erde gelegt wurde, der uns zukünftig immer mehr entgegenkommen will.

Das Gleichnis in den Evangelien von den Frauen mit den Öllampen weist schließlich darauf hin.

Sammeln wir genug Öl (Wärme, Licht, Geist), damit wir ihm, dem Christusgeist entgegen gehen können? Die Frauen weisen hin auf die Seele, das Öl auf den Geist, den wir in uns entzünden sollen. Wir müssen Christus suchen wollen und ihm entgegen gehen, dann wird er uns auch entgegen kommen.

Jede Religion hat beziehungsweise ist wie eine Lampe und zeigt auf das Öl, mit dem wir die Lampe zum Brennen und Leuchten bringen können. Zünden wir unsere Lampen an, erleuchten wir unsere Schicksalswege mit geistigem Licht, so wird uns auch immer eine Hilfe entgegen kommen. Egal, wie dieses Entgegenkommende benannt und mit welchem Namen es angesprochen wird. Entscheidend ist das Wesen, die Kraft und die Qualität, die davon ausgeht. Denn dieses soll uns schließlich zum Guten, Wahren und Schönen hinführen können. Dafür sollen wir offen sein, damit es uns nicht geschieht wie den törichten Frauen, denen das Öl ausgegangen ist.

Schauen wir also, dass wir genügend Öl, genügend Vertrauen, Mut, Tatkraft, Selbsterkenntnis, Vernunft, Wille, Weisheit, Geduld, Freude und Liebe aufbringen, so werden wir den Weg bis zum Ende, bis zum Ziel gehen können, bis nach Shambhala, dem „Ort“, wo sich Gott und Mensch, wo sich Himmel und Erde vereinen und wo sich „die Braut und der Bräutigam“ vermählen können. In diesem Sinne: wohl an, so lasst uns gemeinsam weiterschreiten.

Eine letzte Frage sei zum Ende dieser Abhandlung noch erlaubt. Warum nämlich macht man das Ganze, warum die vielen Mühen und warum soll und will man den beschwerlichen Weg nach Shambhala beziehungsweise zum Gral überhaupt antreten?

Nur um eine Erleuchtung, um eine spirituelle Meisterschaft erringen zu können, sicher nicht allein. In einem christlichen Sinne geht es ja gar nicht um eine Selbst-Erlösung oder gar um das Befriedigen einer Neugier oder der Sehnsucht nach dem Glück. Es geht viel eher um Fähigkeiten, um Tugenden und um Seeleneigenschaften, mit denen wir besser mit den Mitmenschen und dann auch mit uns selbst auskommen können. Die Gottesliebe will ja schließlich in eine Nächstenliebe einmünden.

Es geht hier also auch nicht nur um Shambhala oder um den Gral, auch nicht darum, um einmal Gralskönig werden zu können, sondern vor allem um eine Gralsgemeinschaft. Diese „neue Gemeinschaft“ kann in Partnerschaften, in Familien, in spirituellen Vereinigungen, aber auch zwischen Völkern und Nationen, ja sogar bis in die große Menschheitsfamilie hinein entstehen.

Gewisse Tugenden der „Ritterlichkeit" und die neugewonnenen moralischen Fähigkeiten, die auf dem Weg nach Shambhala errungen werden, sie dienen dazu, dass wir uns seelisch so entwickeln, damit wir unsere „Feinde" mit der Zeit zu neuen Freunden wandeln und gewinnen können. Und wie wäre dies möglich ohne Milde, Sanftmut, Uneigennützigkeit, Nachsicht und Liebe, die auch verzeihen und vergeben kann, die also bereit wird, eine Feindesliebe zu praktizieren.

Das reine, von Leidenschaften und Egozentren gereinigte Blut vermag dies. In diesem Blut finden wir nämlich erst den Menschheitsgeist, der in jedem Menschen auferstehen will. Das ist es, wohin der Gral uns führen will.

Nicht ein fernes und geheimnisvolles Land, ein bestimmter Ort, Shambhala oder Kitesh, ist daher zu suchen. In uns selbst finden wir einen Kraftort und damit das innere Licht und Leben, mit dem wir, als ein neugeborenes Licht- und Kraftzentrum, in uns selbst und von da aus, in die Welt hineinwirken, um diese damit erhellen und erleuchten zu können.

Menschen, die noch nach äußeren Plätzen und Tempeln suchen, haben den Tempel in sich noch nicht entdeckt. An einem inneren Gralstempel dürfen wir mitwirken, er wird durch geistige Übungen und durch seelisch-moralische Fähigkeiten aufgebaut. Aufs Tun und Üben kommt hier alles an! Denn: Nur den, der strebend sich bemüht, den kann der Gral erlösen.

Von der Gier zu einem strebenden Bemühen um die Gunst des Heiligen Gral

Um die Gier etwas näher beschreiben zu können, sollte man vor allem dahin blicken, wo sich in den Einstellungen der Menschen gegenüber der Gier gewisse Zuordnungen, aber auch Diskrepanzen zeigen.

In den östlichen, mehr spirituell ausgerichteten Welt-Anschauungen sucht man zumeist eine Befreiung von der Gier und damit von den Anhaftungen an die Dinge dieser Welt. In der westlichen und da vor allem in der kapitalistischen und materialistischen Weltanschauung des Konsums und des Vergnügens wird die Gier sogar als eine starke Antriebskraft gesehen, die nach Wohlstand, nach technischem Fortschritt und nach einer persönlichen Ehre strebt.

Die Gier kann sich demzufolge auf viele Bereiche des menschlichen Seins erstrecken: auf das Habenwollen, auf Reichtum, Macht, Sex, Lust und Ruhm, wie auch in einer Gier, in einem Begehren nach Erleuchtung und geistigem Fortschritt. Jedoch sollte man dabei immer auch noch bedenken, dass die Gier keine Grenzen kennt, denn sie will ja immer mehr. Dadurch fesselt und versklavt sie mit der Zeit viele Menschen und schafft so mannigfache Abhängigkeiten und Zwänge -

bis hin zur Sucht. Denn mit der Gier sind eben auch sehr niedrige Seelenbereiche angesprochen, vor allem die Ebene der sogenannten Begierdenglut und die kann eben sehr bedrängend und krankmachend wirken. Letztlich gehört diese Seelenebene aber auch zum Menschsein mit dazu, ähnlich wie auch die Wunschnatur. Man kann sie daher nicht einfach „ausradieren" und löschen. Nur wandeln kann man sie, hin zu einem Begehren, das die höheren Gesetze, Ideale und Seinsebenen anstreben will.

„Nur den, der strebend sich bemüht, können wir erlösen". So drückte J. W. von Goethe diesen Sachverhalt einmal aus.

Die mittelalterlichen Gelübde der Armut, der Keuschheit und des Gehorsams versuchten damals bestimmte Äußerungen der Gier so zu wandeln, dass sie den strebenden Menschen immer stärker mit dem höheren Leben verbinden konnten.

<u>Die Armut:</u> Geistig arm beziehungsweise leer zu werden, auch keine intellektuelle Wissensgier zu entwickeln, bedeutet vor allem, dass man offen wird für die Offenbarungen von „oben". Das menschliche Denken, der Intellekt soll sich damit läutern können.

<u>Die Keuschheit:</u> Wir sollen seelisch rein werden, reinen Herzens sein, dann sind wir keusch. Dabei dürfen vor allem bestimmte Gefühle und Leidenschaften geläutert werden. Unzucht und Perversionen höhlen den inneren Menschen aus. Die Gier nach

Genuss und nach persönlichen Abenteuern soll sich wandeln, hin zu einer Empathie, zum Mitgefühl und zur Liebe.

<u>Der Gehorsam:</u> Diesen dürfen wir gegenüber dem höheren Willen aufbringen. Oftmals läuft man noch den weltlichen und wissenschaftlichen Autoritäten hinterher oder dem Reichtum, der Macht, dem Stolz oder eben der Gier.

Wo aber ist dieser höhere Wille, der Weltenwille überhaupt zu finden? Solange wir den Eigenwillen noch nicht zügeln und beherrschen können und diesem eine selbsterkannte Richtung geben, wird der Weltenwille nur schwer zu erfassen sein.

Jedoch, was ist gut für das Gemeinwohl und somit für das Ganze? Sich da mit seinem Willen hinein zu geben, wird diesen erweitern und erhöhen, bis wir den Weltenwillen immer stärker in uns selbst erleben und erkennen können.

Letztlich dürfen wir dabei immer wieder zum Wahren, Schönen und Guten hinstreben und uns darum bemühen, denn dieses Streben führt allmählich zu einer seelischen Wandlung hin und damit auch zur Transformation der Gier.

Dabei müssen die eigenen Abgründe beziehungsweise die Doppelgängerkräfte in uns gewandelt werden, am besten mit der Hilfe der geistigen Welt, so wie ich dies in früheren Schriften geschildert habe und hier noch einmal im Lichte des Gral zusammenfassen will.

Doch was ist der Gral? Bei Wolfram von Eschenbach finden wir dazu die folgende Antwort: „Das sagt sich nicht!"

Und wirklich, man kann den Gral nicht definieren und auch nicht so leicht einordnen, doch man kann sich auf die Suche machen, weil in uns eine Sehnsucht ist, die nach einer Ganzheit strebt.

Die Suche, die Queste, kann nun viele Wege beschreiten, individuell, gesellschaftlich oder die ganze Menschheit umfassend. Denn der Gral hat ja auch mit einer Ganzheit, mit etwas Umfassenden zu tun, das wir aber nicht so einfach erringen können. Denn bekanntlich leben wir ja in einer Welt der Polaritäten: Licht und Finsternis, Geist und Materie, Sonne und Mond, Himmel und Erde, Tag und Nacht, Mann und Frau und so weiter. So gibt es immer auch spirituell Suchende, die diese Trennung überwinden wollen.

Viele „Einheitssucher" meiden dabei sogar die materiellen Ebenen, um ganz im Geistigen aufgehen zu können. Aber dadurch schafft man keine wirkliche Ganzheit. Diese wird viel eher in einer Synthese gefunden, wodurch die Polaritäten und Gegensätzlichkeiten auf einer höheren Ebene vereint werden, so wie dies Goethe in seiner Farbenlehre in den Begriffen von der Polarität und deren Steigerung ausgearbeitet hat.

Jedoch, es gibt drei Ebenen und Möglichkeiten der Begegnung von Polaritäten, so wie ich diese hier nur noch stichwortartig zusammenfasse.

1. Die Vermischung: Licht und Finsternis vermischt ergibt ein Grau, ein Braun in der Farbenmischung oder in der Natur als Dämmerung. Auf der leiblichen Ebene (Same und Eizelle) ensteht durch „Mischung" etwas ganz Neues.

2. Der Kompromiss: Seelisch können wir bestimmte Polaritäten als Gegensätze oder aber als Ergänzungen ansehen, zum Beispiel die seelischen Archetypen der Anima und des Animus. Dadurch kann erst eine Verständigung und ein Zusammenleben von polaren Einstellungen und Verhaltensweisen möglich werden. Farblich kann sich daraus ein Regenbogen ergeben.

3. Die Synthese: Geistig können Gegensätze auf einer höheren Ebene vereint werden. Beim Beispiel Mann und Frau ist das Höhere der Mensch, das Menschliche, sind es die humanistischen Werte, die beide Pole verbinden können.

Für eine ganzheitliche Betrachtung des menschlichen Seins muss demzufolge die körperliche, die seelische und die geistige Ebene berücksichtigt werden.

Eine Synthese, also ein Zusammenfinden auf einer höheren Ebene kann geistig erkannt werden, folglich ist damit ein Erkenntnisweg verbunden. Diesen dürfen wir hier ein kleines „Stück" auf dem langen Weg zum Gral miteinander gehen.

Zunächst soll dazu der Weg des Parzival zum Gral angeschaut werden, da dieser urbildlich aufzeigen kann, wie wir selbst dem Gral etwas näher kommen können. Dabei können bestimmte Aspekte, die die Menschheit als Ganzes und die Erde betreffen, in dieser Abhandlung nicht behandelt werden. Es soll hier vorrangig der partnerschaftliche Weg, also der von Frau und Mann angeführt sein.

Als Parzival das erste Mal auf die Gralsburg aufgenommen wurde und er dort den leidenden Anfortas erblickte, war er noch nicht reif genug, um die erlösende Frage nach dessen Leiden stellen zu können. Zuvor hatte er bei Gurnemanz die Rittertugenden erlernt und seine Frau mit dem Namen Kondwiramur gefunden. Die Liebe zur Frau und edle Rittertugenden alleine reichen also noch nicht für den Gral. Es fehlt ihm noch das Mitgefühl, die Empathie, um mit der ganzen Seele in den Anderen eintauchen zu können. Eine verstandesmäßige Beobachtung reicht noch nicht, eher sind hier die weiblichen Qualitäten der Einfühlung und des Mitleids gefragt.

Nach dem Rauswurf aus der Gralsburg hatte Parzival eine Begegnung mit Sigune, mit der leidenden Frau und mit Kundry, die ihn verführen will und ihn wegen seines Versagens anklagt. Erst langsam und nach zahlreichen inneren und äußeren Kämpfen wird Parzival für den Gral würdig, vor allem durch die Auseinandersetzungen mit seinem eigenen Anima-Anteil, den ihn die weiblichen Begegnungen spiegeln.

Der Mann als Eroberer, Kämpfer, Herrscher und Macher muss folglich noch bestimmte weibliche Kräfte *dazu entwickeln, dabei aber auch die dunklen Seiten des Weiblichen erkennen und läutern, um allmählich eine seelische Ganzheit erreichen zu können.*

So sollen hier im Folgenden die weiblichen Archetypen stichwortartig angeführt werden, so wie sie sich in den drei Ebenen des irdischen, des seelischen und des geistigen Lebens zeigen können. Dabei ist vor allem die seelische Ebene der Bereich, wo der dunkle, der unerlöste Anteil gewandelt werden kann.

Die Archetypen der Anima:

rote Ebene:	nährend,	wärmend,	haltend,	schützend,
irdisch	gebärend	hingebend	bewahrend	kämpfend
	Mutter ☽	Geliebte ♀	Juno, die treue Partnerin	Psyche, sie geht den spirituellen Weg

schwarze Ebene: Erkennen und verwandeln - hin zum Blau des Dienens

seelisch	verlangend, verschlingend	verführend, verlockend	klammernd, vereinnahmend	abweisend, zurückstoßend
	Hexe (Schwarmond)	Schlange (Lilith)	Furie (Pandora)	Drache (Kali)

weiße Ebene:	Göttin der	Muse	Hüterin des	Trägerin
geistig	Natur		Feuers	der Weisheit
	(Diana)	(Urania)	(Vesta)	(Pallas Athene)

Kennt die Seele ihre Weiblichkeit in der symbolischen Farbe Rot und hat sie ihre dunkle Seite gewandelt, was oftmals ein sehr langwieriger Prozess, vor allem in Partnerschaften sein kann, weil da diese Bereiche vom Partner immer wieder gespiegelt werden, bis man allmählich die weiße, die geistige Ebene erreicht. Diese ist in dem Begriff des Ewig-Weiblichen zusammengefasst. So trägt die Madonna in vielen christlichen Bildern die drei Farben Rot, Blau und Weiß in ihrem Gewand. Auch kennt die mittelalterliche Geistigkeit diese Qualitäten in den drei Erscheinungsweisen der göttlichen Frau als:

1. Mater – virgo fidelis – die getreue Jungfrau
2. Regina – virgo potens – die mächtige Jungfrau
3. Braut – virgo clemens – die milde Jungfrau
in anderer Bezeichnung:
1. Maria – die Treue – Mutter – Fürsorgerin
2. Isis – die Mächtige – Priesterin – sie führt durch

das Dunkle in die Reife

3. Sophia – die Milde – die Braut – die Muse und die

Weise

In ähnlicher Weise können wir mit den Archetypen des Männlichen umgehen. Dabei muss betont werden, dass Männer und Frauen diese Archetypen, zumindest als eine Potenz in sich tragen. Die astrologischen Zuordnungen können dann in einem individuell erstellten

Horoskop etwas aussagen über die Mängel und Möglichkeiten, die sich daraus ergeben.

Die Archetypen des Animus:

rot: erobernd,   zeugend,   lehrend,   richtend,
<u>irdisch</u>   behauptend,   schöpferisch,   erkennend,   prüfend,
          durchsetzend   unternehmend   strebend   weisend
          Geliebter ♂   Vater ☉   Lehrer ♃   Richter ♄

schwarz: zerstörend, manipulierend, protzend, verurteilend,
<u>seelisch</u> Aggressor, Tyrann, Despot Angeber, maßregelnd,
          Macho   (Klingsor)   Größenwahn,   Hage-
                                    Hochstapler   stolz

weiß: spirit. Krieger   Herrscher,   Meister   alter Weiser
<u>geistig</u> (Rittertugenden)   König

Dabei zeigen sich jeweils zwei Wege der Wandlung, nämlich ein Priester- und ein Königsweg. Auf dem Priesterweg wird eine Opferung des Eigenwillens verlangt. Auf dem Königsweg muss man sich verschenken lernen, um allmählich das Ewig-Männliche, also ein Priesterkönigtum erreichen zu können. Dazu müssen die priesterlichen und die königlichen Qualitäten, wie auch die anderen Archetypen integriert werden.
Wie vorher schon angedeutet, weisen diese Archetypen auch einige astrologische Parameter auf, nämlich in den bekannten Planetenkräften, die Wandlungsebenen,

also die seelischen Möglichkeiten im schwarz-blauen Bereich, sie sind vor allem in den Asteroiden angezeigt, die zwischen der Mars- und der Jupiter-Umlaufbahn verlaufen. Dadurch bekommen die herkömmlichen Planeten zahlreiche Erweiterungsmöglichkeiten. Für spirituell strebende Menschen ist dies eine große Hilfe, zumindest ist es förderlich, wenn man weiß, wo die Lilith, der Eros, die Venus Urania, die Vesta, die Juno, der Toro und noch viele andere Asteroiden ihren Platz und ihren Bereich in der eigenen Seele finden können.

Insgesamt kann daher gesagt werden, dass Partnerschaften und natürlich auch alle anderen zwischenmenschlichen Beziehungen immer auch einen Reife- und Entwicklungsweg beinhalten, der vor allem über die Anima- und Animus-Qualitäten und deren Wandlungen gegangen und erreicht werden kann. Klar dürfte auch sein, dass jeder Mensch weibliche und männliche Archetypen in sich trägt, die zivilisations- und anlagebedingt natürlich verschieden ausgeprägt sind. Auf einem spirituellen Schlungsweg ist es jedoch unabdingbar, dass wir uns dieser Qualitäten bewusst werden und sie auch in einen gewissen Ausgleich bringen können.

So sollen abschließend hier noch einige weitere Aspekte eine Erwähnung finden, die relevant und hilfreich für heutige Partnerschaften sein können. Dies wird hier aber nur noch in einer Zusammenfassung *dargestellt, da in früheren Schriften von mir darauf näher eingegangen wurde.*

Man kann sämtliche zwischenmenschliche Begegnungen und Partnerschaften grundsätzlich in bestimmte Kategorien einteilen, so wie diese hier aufgezählt sind:

- Der <u>Schicksalsgefährte</u> (Erde): Begegnungen am Arbeitsplatz, in der Schule, in der Freizeit, als Nachbarn und so weiter.

- Der <u>Seelengefährte</u> (Luft): Freunde und Menschen, mit denen wir seelisch-geistige Interessen teilen können.

- Der <u>Lebensgefährte</u> (Wasser): Heutzutage würde man hier eher von einem Lebensabschnittsgefährten sprechen. Doch wir wissen, was damit gemeint ist.

- Der <u>Geistes- oder Gralsgefährte</u> (Feuer): Mit dem man den spirituellen Weg zu einem Priesterkönigtum, damit zum Ewig-Weiblichen und zum Ewig-Männlichen, zumindest als eine gemeinsame Möglichkeit angehen will.

Eine Ganzheit, und dahin führt ja der Gralsweg, wird aber nur erreicht, wenn alle Ebenen des Seins angenommen und gelebt werden. Dafür brauchen wir aber auch bestimmte Verhaltensweisen, die letztlich einer Dreigliederung, also dem Trinitätsprinzip entspringen:

*Im Irdischen: ein **Füreinander**, nicht ein Gegeneinander – <u>Geschwisterlichkeit</u>.*

*Im Seelischen: ein **Miteinander**, nicht ein Durcheinander – <u>Gleichheit</u>.*

*Im Geistigen: ein **Nebeneinander**, nicht ein Untereinander – <u>Freiheit</u>.*

*Im Ätherischen: ein Ineinander – nicht ein Auseinander – **Gerechtigkeit**.*

Zur grundelegenden, im Kosmischen vorgezeichneten Dreigliederung kommt im Irdischen noch eine vierte Ebene, die ätherische hinzu, damit das kosmische Prinzip auch irdisch werden kann. Die Erde untersteht ja der Zahl Vier. Wenn also etwas Geistiges auf die Erde kommen soll, muss noch eine vierte Möglichkeit bestehen können. Goethe hat dies in seinem Märchen durch den gemischten König angedeutet, so wie diese Qualität auch im Gesellschaftlichen in der sozialen Dreigliederung sichtbar werden kann.

Wirtschaft – Vermischung – Brüderlichkeit - eherner König.

Staat – Kompromiss – Gleichheit – silberner König.

Kultur – Synthese – Freiheit – goldener König.

Geld und Energie in der Gesellschaft ist entsprechend wie das Blut im Menschen, das alle drei Bereiche, also Kopf, Herz und Hand beziehungsweise in analoger Weise das Kultur-, das Rechts- und das Wirtschaftsleben mit „Lebenskraft" versorgt.

Hier, in diesem vierten, im „gemischten" Prinzip, soll in der gesellschaftlichen Gliederung, also in der Monetative schließlich eine Gerechtigkeit walten können. Dazu zählt vor allem auch eine Verteilungs-

Gerechtigkeit. Eine soziale Gerechtigkeit kann erst wirklich für einen gesellschaftlichen Frieden sorgen. Das Geld innerhalb einer Gemeinschaft oder Gesellschaft soll eben da hinfließen können, wo es einen Bedarf gibt und nicht dorthin, wo eh schon zuviel vorhanden ist.

Im Partnerschaftlichen wird diese ätherische, diese Ebene der Lebenskraft durch den Eros angezeigt. Eros kann entweder zum Sexus herabsinken, so wie das Geldwesen entsprechend ausschließlich in den Bereich der Wirtschaft, ins Kaufen und Verkaufen sich verengen kann.

Eros kann aber auch aufsteigen, hin zur Philia, zur seelischen Liebe und zur Agape, zur geistigen Liebe, dann kann er am ehesten geheilt werden. So kann auch das Geldwesen erhöht werden, in dem das Geld verliehen oder gar verschenkt wird, damit es schließlich einer gesunden Kultur zugute kommen kann.

Eine Heilung des Eros, sowie des Energie- und Geldwesens, also des gemischten Königs ist heute vorrangig angesagt. Erst darüber finden wir die Einheit, die Ganzheit und somit auch den Gral. Und dies im Partnerschaftlichen, wie auch im gesellschaftlichen Leben.

Das große Mysterium, das Mysterium Magnum findet in der Dreiheit die Einheit und in der Einheit die Drei. Ein viertes Prinzip, der gemischte König, der Eros, will im Irdischen so vermitteln, dass alle Bereiche des gesellschaftlichen und des partnerschaftlichen Lebens mit seiner Kraft versorgt und belebt werden können.

Wir können heute ja überall in der Welt beobachten, wenn einzelne Bereiche dominieren, sei es die Wirtschaft oder eine einseitig männlich geprägte Kultur und Politik, wie dadurch alles aus den Fugen gerät. Der Eros und das Geld, beide Qualitäten harren noch einer Erlösung. Ohne einen gesunden und liebenden Eros und ohne ein soziales und gerechtes Geldwesen wird es zukünftig nicht in einem gesunden, menschlichen und segensvollen Sinne weitergehen. Darüber darf gerne nachgedacht oder noch besser, vorgedacht werden.

Diese kurzen Gedankensplitter sollen hier vor allem anregen, eigene Erkenntnisse gewinnen zu können, die dann auch im praktischen Leben umgesetzt werden können. Daher sind hier auch nur solche Anregungen mitgegeben, die vom logischen und rational eingestellten Menschen nachzuvollziehen sind, wenn denn ein guter Wille vorhanden ist.

Stückchenweise geht es auf dem geistigen Schulungsweg voran. Viele Aspekte sind dabei zu berücksichtigen. Dafür wollen diese Aufzeichnungen dienlich sein. Sie mögen Impulse anregen, die nach reichlicher Prüfung im praktischen Leben eine Anwendung finden. Dazu wünsche ich dem geneigten und wohlgesonnenen Leser viel Kraft und ein gutes Gelingen.

Ein Nachwort

Nun sind wir doch ein kleines Stückchen Weg miteinander gegangen – der geneigte Leser mit meinen Gedanken und Schilderungen und ich, der Schreiber, mit meinem „Narren", der trotz vieler Hindernisse einen langen und oftmals einen nicht zu durchschauenden, aber mutigen Weg gegangen ist. Viele Stationen dieses Lebensweges waren nicht leicht, denn heimatlos, einsam und voller Trauer ist zuweilen auch der Narr, denn in der irdischen Welt ist er nicht wirklich zuhause. Er gehört dem Himmel an. Doch noch ist er dort nicht angekommen. Zwischen Himmel und Erde hat er sich einen „Ort" erschaffen, von wo aus er die ganze Erde beziehungsweise die ganze Menschheit umfassen und dabei offen bleiben will für die Mächte und Wesen der göttlich-geistigen Welt.

Der „heilige Narr", er ist traurig, weil er noch immer nicht das Ganze, das All-Umfassende, den „ganzen" Himmel gefunden hat. Und er ist traurig, wenn er sieht, wie die Welt in unseren Tagen immer mehr den Himmel verliert und sich dadurch verstärkt den Mächten und Kräften des Abgrundes ausliefern muss. Die Tore und Schutzwälle zu den niederen, zu den untersinnlichen Kräften und Wesen scheinen weit geöffnet zu sein. So fehlt es an vielem immer mehr, vor allem an den Kräften einer guten und gesunden Moral, das

*heißt, an Respekt, Toleranz, Mitgefühl und Ordnungs-
liebe, an einem Wandlungs- und Läuterungs-Willen
und damit eben an den Kräften des Guten, die erst
einen wirklichen Ausgleich zu den vielen Untergangs-
tendenzen bringen können. Das Böse kann ja nur sehr
stark werden, wenn das Gute schwach und lau geworden ist. Verlieren wir die Verbindung zum Himmel, so
wird sich die Unterwelt um so stärker im Irdischen
ausbreiten können.*

*Erst aber, wenn die vielfältigen Aufgaben im Irdischen
gelöst sind, können die Wege wieder frei werden in die
geistigen Sphären und Welten hinein. Die Zugänge zur
makrokosmischen Welt sind dem „Narren" daher noch
versperrt. Er muss noch Wirken in der Welt und darin
seine Pflichten tun.*

*Das letzte Arkanum des Tarot: die Welt – steht ihm
noch bevor. Erst wenn der Narr, der dem 21. Arkana
im Tarot zugeordnet ist, auch noch dieses Arkanum
erfassen kann, wird die Freude groß und von Dauer
sein. Noch aber ist die „Dame Welt" nicht ganz erlöst,
noch tanzt seine Seele den kosmischen Tanz der Freude nicht immer, auf den uns die letzte, die 22. Karte im
Spiel und System des Tarot hinweisen will.*

*Ein Zusammenklang aller Welten ist ja noch lange
nicht erreicht. Immer noch bekriegen sich Menschen,
weil sie nicht erkennen, dass sie sich gegenseitig ergänzen sollen, anstatt gegeneinander anzutreten. Noch
sind die Gegensätze zwischen Mann und Frau, wie*

auch zwischen Völkern und Rassen, zwischen den Religionen und zwischen den vielen Einzelmenschen nicht überwunden. Wird dies überhaupt einmal geschehen?

Wer weiß – auf jeden Fall weiß der Narr, dass er sich dieses allumfassende Ziel vorstellen, dass er es in seinen Gedanken und in seinem Herzen bewegen kann. Denn wenn es da nicht immer wieder bewegt wird, kann es auch niemals in die Wirklichkeit eintreten.

So schafft er mit seinem Geist und mit seinem Humor, also mit seiner ganzen Seele und mit all seiner Kreativität und Schaffenskraft an einer neuen Welt, die irgendwann einmal und irgendwo im großen Universum eine Wirklichkeit werden wird.

Mit diesen Gedanken und Wünschen beschließe ich das Arkanum des Narren, der den Weg der Liebe gewählt hat, um im nächsten und letzten Buch mit dem Titel: Kosmos, Mensch und Erde - der Frage nach den inneren Zusammenhängen, also nach dem, was die Welt in ihrem Innersten zusammenhält, nachgehen zu können.

Der Weg der Liebe soll, will und darf einmal in einer Freude enden. Jede Liebe will ja eine Erfüllung, will eine Vereinigung, will Tat werden. Dahin wollen die großen Arkana des Tarot den Magier, den Gaukler aus dem ersten Arkana beziehungsweise den Geist- und Gott-Sucher durch alle Wege und Etappen des Tarot schlussendlich hinführen.

In diesem Sinne darf ich hier wieder einen „Schritt" beenden, um mit dem nächsten weitere Erkenntnisse, Erfahrungen und Möglichkeiten erfassen und dann auch wieder mitteilen zu dürfen. Dafür bin ich dankbar. Diesen Dank möchte ich hiermit gerne weitergeben, denen, die mich zumindest geistig ein Stück weit begleitet haben und auch denen, die mir immer wieder Hilfen und Inspirationen zukommen lassen, damit ich nicht im Finsteren wandeln muss, weil mir doch immer wieder ein Licht erscheint, das mir die nächsten Schritte be- und erleuchten tut.

Und so hoffe ich, dass von diesem Licht auch etwas überstrahlt zum Herzen des Lesers, der sich für die Gedanken und Ideen dieser Schriften erwärmen kann.

Das wäre mein größter Wunsch, dass sich viele Herzen erwärmen lassen vom Licht des Geistes und dass ich vielleicht ein kleines Stück dazu beitragen kann, dass dieses Licht, das gerade in den Finsternissen der heutigen und der zukünftigen Zeitereignisse so bitter nötig ist, von vielen Menschen gesehen und erkannt werden kann.

Franz Weber, Freiburg im Advent 2016 und 2020

Literaturverzeichnis

22 Schriften von Franz Weber, die den 22 Arkanen des Tarot zugeordnet sind. Die Schriften sind in Eigenregie in Buchform beim Verlag: Books on Demand, zum Teil auch als ebook, eines nur als Manuskript erschienen:

Der Magier: **Auf dem Weg zum Gral** – *für die Sucher und Hüter des heiligen Gral   (Buch 17.- Euro)*

Die hohe Priesterin: **Spirituelle Partnerschaften im Lichte der Sternenweisheit**   *(Manuskript)*

Die Herrscherin: **Partnerschaften im Lichte eines spirituellen Christentums**   *(Buch 13,90 Euro)*

Der Herrscher: **Im Namen des Wortes** – *eine geistige Wegweisung   (Buch 13,90 Euro)*

Der hohe Priester: **An die Mutter Erde** - *Betrachtungen zur Entwicklung von Erde und Mensch (10,90 Eu)*

Die Liebenden: **Lichtwärts** – *Betrachtungen für ein geistgemäßes Leben in heutiger Zeit (Buch 12.- Euro)*

Der Wagenlenker: **Vom Bauen am Tempel des Lebens** *- Auf dem Weg zum Sinn, zu menschlicher Fülle und zur geistigen Bestimmung   (Buch 9,50 Euro)*

Gerechtigkeit: **Zeitfragen im Lichte der hermetischen Philosophie**   *(Buch 13,90 Euro)*

Der Eremit: **Tarot** *– die großen Arkana im Lichte der Hermetik (19,90 Euro mit Bildern)*

*- **Aufbruch zur Dimension der Tiefe***

Das Schicksalsrad: **Teil 1** *- Praktische Hilfen für das Leben in der sozialen Welt (Buch 12,90 Euro)*

Die Kraft: **Teil 2** *- Hilfen für den Weg zum inneren Leben (Buch 13,90 Euro)*

Die Prüfung: **Ich und Welt – Mensch und Gott** *(13.-)*

Der Tod: **Auf dem Weg zu Gott** *(Buch 12.- Euro)*

Die Mäßigkeit: **Wege zum Heil** *(Buch 12,90 Euro)*

Der Teufel: **In der Einheit liegt die Kraft** *(15,90 Euro)*

Der Turm: **Europa wohin?**   *(Buch 9,90 Euro)*

Der Stern: **Zeit zur Umkehr** *(Buch 9,50 Euro)*

Der Mond: **Welten-Dramatik** *(Buch 10.- Euro)*

Die Sonne: **Spirituelles Christentum** *(Buch 9.- Euro)*

Das Gericht: **Auf dass wir Menschen werden** *(12.-)*

*Der Narr: - **Vom Taugenichts zum Narren, der das heilige Leben liebt**   (Buch 12.- Euro)*

Die Welt: **Kosmos, Mensch und Erde** *(Buch 11,90)*

Bei weiterem Interesse schauen Sie bitte auf meine Website:

www.perceval-institut.de und www.steine-kunst.de

FSC
www.fsc.org
MIX
Papier aus ver-
antwortungsvollen
Quellen
Paper from
responsible sources
FSC® C105338